NUNCA JOGUE UMA IDEIA FORA

Caro(a) leitor(a),

Queremos saber sua opinião sobre nossos livros.
Após a leitura, siga-nos no **linkedin.com/company/editora-gente**,
no **TikTok @EditoraGente** e no **Instagram @editoragente**
e visite-nos no site **www.editoragente.com.br**.
Cadastre-se e contribua com sugestões, críticas ou elogios.

SAUANA ALVES

Prefácio de Luiza Helena Trajano

NUNCA JOGUE UMA IDEIA FORA

Como transformar criatividade em dinheiro

Diretora
Rosely Boschini
Gerente Editorial Sênior
Rosângela de Araujo Pinheiro Barbosa
Editoras
Rafaella Carrilho
Deborah Quintal
Assistente Editorial
Camila Gabarrão
Produção Gráfica
Leandro Kulaif
Preparação
Eliana Moura Mattos
Capa
Douglas Helmer
Adaptação e Montagem
Caio Duarte Capri
Projeto gráfico
Márcia Matos
Adaptação e Diagramação
Karina Groschitz Guimarães
Revisão
Débora Spanamberg Wink
Bianca Maria Moreira
Impressão
Plena Print

Copyright © 2024 by Sauana Alves
Todos os direitos desta edição
são reservados à Editora Gente.
R. Dep. Lacerda Franco, 300 – Pinheiros
São Paulo, SP – CEP 05418-000
Telefone: (11) 3670-2500
Site: www.editoragente.com.br
E-mail: gente@editoragente.com.br

Dados Internacionais de Catalogação na Publicação (CIP)
Angélica Ilacqua CRB-8/7057

Alves, Sauana
   Nunca jogue uma ideia fora : como transformar criatividade em dinheiro / Sauana Alves. - São Paulo : Editora Gente, 2024.
   192 p.

ISBN 978-65-5544-555-8

   1. Negócios 2. Empreendedorismo 3. Criatividade I. Título

24-4429	CDD 650.1

Índices para catálogo sistemático:
1. Negócios

NOTA DA PUBLISHER

A inovação, muitas vezes, pode parecer um desafio assustador para os empreendedores. O medo do desconhecido e o receio de que uma ideia não seja suficiente acabam paralisando muitos profissionais. No entanto, em *Nunca jogue uma ideia fora*, Sauana Alves nos ensina que cada ideia tem um potencial a ser explorado e desenvolvido. Ela nos convida a enxergar a inovação como uma aliada no processo de criação, capaz de transformar sonhos em negócios de sucesso.

Fundadora e sócia do grupo Ybera Paris e dona de uma mente inquieta e criativa, Sauana compartilha o seu vasto conhecimento como uma empreendedora de sucesso. Em uma trajetória construída ao lado do marido, Johnathan Alves, a autora revela as lições aprendidas ao longo de sua jornada, sempre com uma abordagem prática e acessível. Ela não apenas fala sobre empreendedorismo e inovação, mas também vive esses conceitos no seu dia a dia, e agora traz ao leitor a oportunidade de aplicar esses aprendizados em seus próprios projetos.

Neste livro, Sauana apresenta ferramentas para que o leitor possa transformar suas ideias em realizações concretas. Com base em sua experiência pessoal e empresarial, ela nos mostra como identificar oportunidades, superar obstáculos e usar a criatividade para antecipar tendências e solucionar problemas reais. É uma leitura inspiradora para quem quer empreender com propósito e inovação.

Nunca jogue uma ideia fora será uma grande fonte de inspiração e aprendizado para você. Aqui, a autora nos lembra que, com criatividade e determinação, nenhuma ideia é pequena demais para ser ignorada, e cada passo rumo à inovação pode ser o início de algo extraordinário. Aproveite essa leitura e comece a transformar suas ideias em realidade!

ROSELY BOSCHINI
CEO e Publisher da Editora Gente

AGRADECIMENTOS

Primeiramente, agradeço a Deus, por me conceder sabedoria, força e coragem para trilhar essa jornada empreendedora, enfrentando cada desafio com fé e determinação. Sem Ele, nada disso seria possível.

À minha mãe, Gilda, que me deu a base sólida da vida, ensinando-me valores fundamentais e plantando em meu coração o espírito empreendedor, dedico este livro com todo o amor. Seu exemplo e apoio constantes sempre serão minha inspiração. Ao meu querido padrasto, Paulo, sou profundamente grata por sua presença e suporte inabaláveis. Ao meu pai, José Newton, apesar da nossa pouca convivência, ele nem pode imaginar o quanto seus exemplos de honestidade e valores me marcaram profundamente. Sua influência foi importante, mesmo à distância, e sou muito grata por isso.

Aos meus filhos, que são e sempre serão uma das minhas maiores motivações. Vocês continuam me dando forças para seguir em frente e são um constante impulso para que eu continue sonhando e realizando. Este livro é também para vocês, com todo o meu amor.

Não posso deixar de expressar meu mais profundo reconhecimento ao meu marido, Johnathan, meu fiel companheiro de vida e negócios. Juntos, construímos algo extraordinário. Trabalhamos lado a lado, enfrentando os desafios e celebrando as vitórias. Johnathan é, e sempre será, uma fonte constante de força e inspiração para mim. Sua dedicação, visão estratégica e apoio incondicional me motivam diariamente a seguir em frente e a continuar aprendendo e crescendo. Este livro é também para ele, com todo o meu amor, gratidão e admiração.

Aos nossos colaboradores, clientes e fãs fiéis que têm nos acompanhado ao longo desses vinte anos, meu profundo agradecimento. Vocês, que dedicam seu tempo, confiança e entusiasmo à nossa marca, são a força que nos impulsiona a inovar e a seguir adiante. Aos nossos colaboradores internos, que, com criatividade e dedicação, fazem o sucesso da marca, e aos nossos clientes e influenciadoras parceiras, que têm sido essenciais para nosso crescimento, este livro é para vocês.

Uma dedicação especial vai também aos nossos distribuidores internacionais, que ajudam a levar nossa marca além das fronteiras, expandindo nosso impacto global. Sua parceria e confiança são fundamentais para o nosso sucesso no mercado internacional, e, por isso, sou eternamente grata.

Por fim, dedico este livro a todos os empreendedores e sonhadores que carregam em seus corações o desejo de criar e transformar. Nunca, nunca, jamais jogue uma ideia fora. Não importa o quão pequena ou insignificante ela possa parecer no início, toda ideia carrega em si o potencial de ser transformadora. Não a menospreze, nem diga para si mesmo que não é uma ideia boa. Toda ideia, quando bem trabalhada, tem o poder de transformar nossas vidas. É por meio delas que grandes realizações surgem, e é essa força criativa que nos permite construir, inovar e sonhar mais alto. Portanto, valorize cada insight, cada pensamento, porque eles podem ser o começo de algo extraordinário.

Com fé e dedicação, tudo é possível.

Com amor e gratidão,

Sauana Lanes de Oliveira Alves

SUMÁRIO

PREFÁCIO 12

INTRODUÇÃO 16

CAPÍTULO 1 DESAFIOS E CONFLITOS ENFRENTADOS PELO EMPREENDEDOR 30

CAPÍTULO 2 CAUSAS DA ESTAGNAÇÃO 40

CAPÍTULO 3 SOLUÇÕES PARA INOVAÇÃO 50

CAPÍTULO 4 OBSERVAÇÃO SENSORIAL: A CHAVE PARA ENTENDER SEU PÚBLICO-ALVO 60

CAPÍTULO 5 CRIATIVIDADE: A CHAVE PARA INOVAR E ANTECIPAR TENDÊNCIAS 74

CAPÍTULO 6 TALENTO: O CAMINHO PARA DESCOBRIR E UTILIZAR SUAS HABILIDADES ÚNICAS 94

CAPÍTULO 7 PEQUISA: A BASE PARA VALIDAR SUAS IDEIAS 112

CAPÍTULO 8 CONEXÕES DIGITAIS: A NOVA ERA DO COMPORTAMENTO COLETIVO 126

CAPÍTULO 9 CONSISTÊNCIA: A CHAVE PARA TRANSFORMAR IDEIAS EM REALIDADE 146

CAPÍTULO 10 MOTIVAÇÃO: O COMBUSTÍVEL QUE MANTÉM O NEGÓCIO 164

CAPÍTULO 11 A IMPORTÂNCIA DE CELEBRAR CADA CONQUISTA 178

PREFÁCIO

Quando recebi o convite para escrever o prefácio deste livro, fiquei imediatamente encantada. Sauana é uma daquelas pessoas que, como eu, acredita profundamente no poder da criatividade e da inovação. Ela entende que cada ideia, por menor que pareça, carrega em si o potencial de transformação. Ao longo das páginas deste livro, essa empreendedora de sucesso nos guia por uma jornada de aprendizado e autoconhecimento que vai muito além do simples ato de empreender — ela nos mostra como transformar nossas ideias em realidade, como criar valor e, principalmente, como nunca desistir dos nossos sonhos.

Nunca jogue uma ideia fora é mais do que um guia para o empreendedorismo, é um manifesto sobre a importância de acreditar em si mesmo e em suas ideias. Sauana compartilha conosco não apenas suas histórias de sucesso, mas também os desafios que enfrentou ao longo do caminho. E esta é a beleza da obra: ela nos lembra que o sucesso não é linear, mas sim uma construção contínua, feita de altos e baixos, de aprendizados e, acima de tudo, de muita persistência.

Ao ler este livro, você vai descobrir que a chave para o sucesso está em manter-se fiel às suas paixões e convicções, mesmo quando as circunstâncias parecem adversas. As ideias, por mais simples que sejam, podem ser o ponto de partida para grandes inovações.

Aqui, você vai entender que o segredo está em não deixar que o medo ou as dificuldades nos impeçam de seguir em frente. Pelo contrário, é preciso usar cada obstáculo como um trampolim para avançar ainda mais.

Empreendedora por natureza, Sauana também nos convida a refletir sobre a importância da observação, da sensibilidade e da persistência em cada etapa da construção de um negócio. Por meio de exemplos práticos e acessíveis, ela nos ensina a estar sempre atentos às oportunidades que surgem ao nosso redor, a cultivar a criatividade, a experimentar novas formas de pensar e agir e fazer da persistência um pilar essencial para enfrentar o desconhecido com coragem e dedicação.

Nunca jogue uma ideia fora nos mostra como cada ideia é valiosa e como a criatividade é indispensável para aqueles que empreendem e acreditam nos próprios negócios como ferramentas poderosas para transformar o mundo — bloco por bloco, ideia por ideia.

Que este livro seja o começo de uma nova jornada, onde você nunca mais olhará para uma ideia da mesma forma. E lembre-se: nunca, jamais, jogue uma ideia fora.

Luiza Helena Trajano
Presidente do Conselho de Administração do Magazine Luiza
e do Grupo Mulheres do Brasil

O SUCESSO NÃO É LINEAR, MAS SIM UMA CONSTRUÇÃO CONTÍNUA, FEITA DE ALTOS E BAIXOS, DE APRENDIZADOS E, ACIMA DE TUDO, DE MUITA PERSISTÊNCIA.

– Sauana Alves

INTRODUÇÃO

O empreendedorismo e a inovação são marcas registradas no meu DNA. Sinto uma paixão enorme por ter ideias novas e inovadoras. É essa energia que me mantém firme e focada, mesmo nos momentos mais difíceis. Eu gosto muito de cada etapa da rotina que envolve ter um negócio – desde a criação de produtos, passando por etapas como o planejamento estratégico, até a divulgação e a entrega para o cliente final. Enfrentar todos os enormes desafios de ter um negócio próprio, encontrar as oportunidades escondidas nos obstáculos e encarar os conflitos do dia a dia é algo que me faz seguir adiante com muita alegria, determinação e motivação! Eu sempre quero entregar o meu melhor e é isso que eu e Johnathan Alves, meu marido e sócio, fazemos há vinte anos juntos, construindo nossa família e nosso negócio, o grupo Ybera Paris, uma reconhecida marca de cosméticos que criamos em 2005.

Foram inúmeros os obstáculos e dificuldades pelos quais eu e Johnathan passamos para chegar até aqui. Mas cada adversidade e cada pedrinha no caminho fortaleceram ainda mais a nossa empresa e parceria. É nesses momentos que amadurecemos e nos tornamos mais fortes. Enfrentar os conflitos e os percalços do dia a dia, provar constantemente meu valor e superar minhas limitações são desafios que me impulsionam a seguir adiante com fé e obstinação. A crença que eu tenho no trabalho incansável, na inovação e em Deus é inabalável.

Hoje, vinte anos depois de termos criado nosso primeiro produto, a Ybera Paris tem várias linhas para cabelo; uma fábrica no Espírito Santo; é a casa de centenas de funcionários; e nossa marca é comercializada em mais de cinquenta países. E pensar que tudo começou em uma panela da cozinha da nossa casa. Isso mesmo! Vou contar essa história mais à frente.

Este livro é para você que ousa sonhar, empreender e inovar. Eu vou compartilhar com você não só a minha história, mas também as lições, os aprendizados e as experiências que eu trago comigo nestes anos todos.

Acredito que o sucesso acontece quando conseguimos unir um conjunto de fatores dentro de um timing perfeito. É como um gol dentro de campo ou uma música de sucesso de um cantor ou de uma banda. Como o jogador ou o cantor conseguiram chegar lá? Unindo vários recursos e ferramentas, como visão estratégica, conhecimento profundo do próprio mercado, muita persistência e resiliência e, além de tudo isso, paixão por criatividade e inovação. Um cantor ou um jogador de futebol podem chegar longe, mas o brilho de suas carreiras será real se eles mantiverem a criatividade e a inovação sempre perto, como grandes aliadas.

Por isso, para mim, a chave do sucesso está nestas três palavrinhas que considero fundamentais: **criatividade, inovação e persistência. Essas três ferramentas são pilares essenciais do empreendedorismo bem-sucedido.** Ter um pensamento fora da caixa, desenvolver soluções e produtos que atendem em cheio à necessidade das pessoas, entender a dor do cliente de forma rápida, além de estar sempre aberto para experimentar e aprender são características que considero basais para a rotina de quem empreende. É dessa forma que o empreendedor consegue identificar

18 Nunca jogue uma ideia fora

tendências, antecipar demandas, criar um negócio mais resiliente às mudanças do comportamento do consumidor e ter sua diferenciação competitiva.[1] Aprender com os obstáculos é fundamental, ainda mais em um mercado tão competitivo quanto o nosso!

O mercado de produtos capilares brasileiro é um dos mais importantes e dinâmicos do mundo.[2] E o mais interessante: é um mercado altamente competitivo entre marcas internacionais e nacionais. Sim! Nós temos uma indústria brasileira muito forte, e a Ybera Paris faz parte dessa indústria nacional, algo que me enche de orgulho.

Para você ter uma ideia, o Brasil é o quarto maior mercado de beleza e cuidados pessoais do mundo, com 12% de participação de mercado mundial na categoria de produtos para cabelos. Ao analisar apenas a categoria de condicionadores, detém 26% de participação do mercado global. De cada quatro condicionadores comercializados no mundo, um é produzido no Brasil.[3]

O mais fascinante do mercado brasileiro de cabelo é que nós temos uma riqueza enorme de diversidade de tipos capilares. Para nós, empreendedores, esse é um prato cheio para pensar produtos, fórmulas e compreender dores específicas. Entender os tipos

---

1 JORNADA MEI. Tendências de mercado 2024: como será o comportamento do consumidor. **Sebrae – Mercado e vendas. Análise de tendência**, 12 jun. 2024. Disponível em: https://sebrae.com.br/sites/PortalSebrae/artigos/tendencias-de-mercado-2024-como-sera-o-comportamento-do-consumidor,cf51d9ee8b44c810VgnVCM1000001b00320aRCRD. Acesso em: 31 jul. 2024.

2 DINO. Tendências de mercado 2024: como será o comportamento do consumidor. **Valor Econômico**, 22 jul. 2024. Disponível em: https://valor.globo.com/patrocinado/dino/noticia/2024/07/22/mercado-de-produtos-capilares-nacional-tem-alto-crescimento.ghtml. Acesso em: 31 jul. 2024.

3 *Ibidem*.

Introdução 19

APRENDER COM
OS OBSTÁCULOS É
FUNDAMENTAL, AINDA
MAIS EM UM MERCADO
TÃO COMPETITIVO
QUANTO O NOSSO!

– Sauana Alves

de fios é muito interessante. No Brasil, há pessoas descendentes de europeus, africanos, asiáticos e indígenas, com suas inúmeras texturas além de todos os desejos de cores diferentes e cabelos lisos, cacheados ou crespos... E tudo isso exige fórmulas específicas e adequadas para cada tipo capilar! Por isso a inovação se torna tão fundamental para todo e qualquer empreendedor. A inovação, para mim, é o momento em que uma nova ideia – seja um produto, um serviço ou uma experiência – é aceita pelo público. Não adianta ser algo inovador e não cair no gosto das pessoas para quem aquilo foi pensado.

Em um mundo em constante transformação, a sua marca somente ganhará participação de mercado e lealdade duradoura se você mantiver o pensamento inovador e não deixar que o medo assombre você. Para isso, você vai precisar ser cuidadoso, e não medroso a ponto de impedir a si mesmo de agir.

Neste livro, quero compartilhar com você meus aprendizados sobre os desafios e os conflitos do empreendedorismo, as causas da estagnação e as soluções para sair dela, além da importância de ter esse *mindset* da inovação incorporado em você e na sua rotina. Essa metodologia está fundamentada em ferramentas que fui desenvolvendo ao longo dos anos e que estão em constante aprimoramento. Elas são muito importantes no meu dia a dia e eu as considero chave para o meu sucesso como empreendedora. São uma espécie de caixa de ferramentas que acesso constantemente e que eu chamo de "Soluções para inovação". Ao longo do livro, vou aprofundar cada uma dessas ferramentas para que você consiga começar a aplicá-las instantaneamente no seu dia a dia de forma prática e rápida. São elas:

Introdução 21

- Observação sensorial
- Criatividade
- Talento
- Pesquisa
- Consistência

•••

Antes de começar, preciso me apresentar: meu nome é Sauana Alves. Sou fundadora da Ybera Paris, uma marca que já se expandiu para mais de cinquenta países. A Ybera Paris é reconhecida nacional e internacionalmente como uma marca inovadora e fidelizadora. E não se engane pelo tamanho da Ybera Paris. Ela não começou grande, pelo contrário. Vou contar para você como tudo aconteceu.

Esse fascínio pelo empreendedorismo e por cabelos está na minha vida desde muito pequena. Eu nasci em um lar de empreendedores do interior de Minas Gerais, em uma cidadezinha chamada Carangola. Meus avós vieram da roça e meus pais tiveram poucos anos de estudo formal. Meu pai, José Nilton, é caminhoneiro desde jovem, e minha mãe, Gilda, trabalhou como representante comercial de produtos para cabelo a maior parte da vida. Minha mãe sempre foi uma vendedora fantástica e uma grande inspiração na minha vida. Com ela, aprendi lições valiosas que me ajudaram muito a ter meu próprio negócio.

Além dessa inspiração direta, eu tinha oito tias (tanto da parte de pai quanto da parte de mãe) que eram cabeleireiras. Eu brinco que o meu quintal na infância e na adolescência era um salão de beleza. Não importava se eu estava com a família da minha mãe ou com a família do meu pai, o assunto principal era cabelo, fórmulas, produtos e tendências.

Imagine o que é crescer nesse lindo universo! Ainda criança, eu era tão curiosa, que tinha mania de ler rótulos; minhas brincadeiras eram sempre relacionadas com esse universo: brincava de misturar terra, água e comidinhas para criar "produtos para passar no cabelo ou na pele". Quando minhas tias precisavam de ajuda no salão da família, eu estava sempre à disposição, pois era preparada para cuidar dos cabelos – sabia fazer de tudo. Desde que me entendo por gente, então, eu estou rodeada de pessoas que amam cuidar de cabelos e sempre fui muito curiosa e apaixonada pelo tema.

Em determinado momento da minha adolescência, nessa fase em que tudo é mais delicado e confuso, tive minhas dúvidas e anseios. Eu via meus primos crescerem, fazerem faculdade e encontrarem empregos com carteira assinada. Eu observava e me perguntava se esse não seria o caminho "correto" – não só porque eles viviam dessa forma, mas porque a sensação que eu tinha era a de que a sociedade também me dizia que o mais adequado seria estudar, fazer faculdade e arrumar um emprego CLT. Porém, hoje eu entendo que o sucesso não depende apenas da escola formal e de um diploma da faculdade. Há muitos outros caminhos que podem ser construídos para sermos bem-sucedidos.

Por sorte, essa dúvida foi embora rapidinho e minha essência voltou a falar mais alto dentro de mim. Eu cresci com dois aprendizados muito fortes e por isso digo que estão no meu DNA: ser empreendedora e ser apaixonada por cabelos. Eu lembro que minha mãe sempre incentivou a mim e aos meus irmãos para que nós fôssemos donos do próprio nariz. Eu lembro dela "botando fogo" na gente e dizendo que nós tínhamos toda a capacidade de termos

Introdução

nosso próprio negócio, independentemente do ramo ou setor. "Vai vender brigadeiro na praia, pode ir, mas faça a sua barraquinha ser a melhor barraquinha de brigadeiro do mundo e seja criativo. Use todo o seu talento, trabalhe muito e persista", ela dizia. Então, para mim foi muito natural trilhar meu caminho empreendedor – e para meus irmãos também, tanto é que todos nós somos empreendedores hoje em dia.

E assim foi minha trajetória. Aos 14 anos, já trabalhava com a minha mãe, já ajudava minhas tias nos salões delas e, como já disse, era apaixonada pelo mercado de produtos para cabelos. Naquele momento, minha mãe percebeu que seria muito interessante ter uma pessoa com ela que tivesse conhecimento técnico para auxiliá-la nas vendas, dando embasamentos específicos e informações químicas sobre os produtos que ela representava para os cabeleireiros, visto que ela atendia somente salões de beleza, e não varejo. Foi então que ela teve a ideia de me incentivar a ter mais conhecimento na área de tricologia capilar. E foi o que fiz: fui estudar e aumentar meu conhecimento sobre o universo capilar, para ajudar minha mãe.

Por causa disso, vivi experiências interessantes ainda muito jovem. Para vender os produtos, minha mãe me colocava no palco a fim de treinar muitos cabeleireiros em apresentações técnicas dentro dos eventos das marcas, além de percorrer os salões com ela. Por muito tempo nós formamos essa dupla: ela como vendedora e eu como a técnica que embasava a venda dela com conhecimento de fórmulas, ácidos, tipos de cabelos e melhor química para cada textura de fio.

Mas minha mãe, infelizmente, teve muitos reveses na vida. Em diversos momentos, ela foi uma vendedora fundamental para que determinadas marcas se tornassem famosas no Brasil. Porém, quando as marcas ficavam famosas, elas decidiam mudar de estratégia, migrar para o varejo ou iniciar o processo de franquias, e minha mãe perdia a representação – em muitos casos, de forma bastante dolorosa e até traiçoeira. Não foi nem uma, nem duas, nem três vezes que vi isso acontecendo. E todas foram muito sofridas e duras. Isso, inclusive, teve um impacto importante na minha formação. Num desses reveses, ela optou por ficar sem representar marcas e, para se reerguer, abriu um salão de beleza para que eu trabalhasse nele. Imagina... eu devia estar com uns 16 anos na época. E por muito tempo foi esse salão que nos sustentou.

O tempo passou e, quando eu tinha 20 anos, encontrei o amor da minha vida. Foi amor à primeira vista. Eu sabia que, com Johnathan, formaríamos uma família linda e sólida. Em onze meses, namoramos, nos casamos e começamos a construir, juntos, a nossa empresa. Com ele, eu pude realizar um dos grandes sonhos da minha vida: ter uma marca própria. São essas histórias e experiências que eu quero contar neste livro. E, caso você queira saber ainda mais detalhes e a visão do próprio Johnathan em todo esse processo, eu indico a você ler o livro dele, *Inove para ser único*,[4] também publicado pela Editora Gente.

Pouco antes de nos casarmos, minha mãe, que já era uma pessoa com visão de empreendedorismo, trouxe uma ideia que nos inspirou profundamente. Ela nos alertou sobre uma prática preocupante nos salões, onde cabeleireiros estavam misturando *henna* com tintura de cabelo para tingir sobrancelhas, criando uma combinação tóxica e não autorizada pela Agência Nacional de

---

4 ALVES, J. **Inove para ser único**: como a inovação está mudando o jogo dos negócios. São Paulo: Gente, 2023.

Vigilância Sanitária (Anvisa). Foi ela quem nos incentivou a pensar em uma solução mais segura. E então a ideia de fabricar nosso próprio produto, de forma legalizada e registrada, partiu de mim e do Johnathan. Durante a nossa lua de mel, nos dedicamos a transformar essa ideia em realidade, desenvolvendo uma fórmula durável e aprovada pela Anvisa. Quando lançamos o produto artesanalmente, o sucesso foi instantâneo. Esse foi o começo da nossa trajetória como empreendedores, um sonho visionário imaginado pela minha mãe e realizado por nós.

Já casados em 2005 e vivendo em Nova Friburgo, Johnathan e eu decidimos explorar novas tendências no mercado de beleza. Eu continuei trabalhando no salão para contribuir com as finanças da casa, enquanto Johnathan se dedicava ao novo empreendimento em parceria com minha mãe. Durante essas visitas aos salões, nós nos deparamos com um momento decisivo em nossa história: o surgimento das escovas progressivas com uso de formol.

Os salões estavam cheios de fumaça, e o cheiro forte era inconfundível. Um dos cabeleireiros sugeriu: "Vocês precisam criar uma maneira de fazer escova progressiva sem arder os olhos e sem esse fumacê todo!". Identificamos ali uma oportunidade única: como oferecer uma escova que não gerasse fumaça e não irritasse os olhos? Como criar uma fórmula de alisamento sem utilizar formol na composição? Essa pergunta se tornou o ponto de virada em nossa vida, e é essa transformação que vou contar de forma mais detalhada neste livro.

Trabalho desde muito jovem e sempre fui madura para minha idade. Desde cedo, vi a luta da minha mãe para nos sustentar. Ela era uma excelente vendedora, movimentava muito dinheiro, mas, na época, as comissões eram pequenas. Além disso, minha mãe sempre foi uma desbravadora inquieta, mudando de cidade ou estado para abrir novos mercados para as marcas que representava. Isso significava que nos mudávamos frequentemente, o que afetou um pouco os meus estudos, mas me ensinou a ser autodidata.

Fui muito abençoada. Minha mãe nos educou de forma correta e rígida, e tive a bênção de encontrar a verdade bíblica muito cedo. Aos 8 anos, já sabia qual era o meu caminho com muita convicção. Esse alicerce espiritual foi determinante para mim, ajudando-me a fazer escolhas certas e a manter meu caminho coerente.

Desde que encontrei a verdade bíblica, confio em três pilares fundamentais na minha vida, em ordem crescente de importância: espiritual, emocional e físico. Esse tripé me sustentou e me levou à prosperidade não apenas financeira, mas em todos os aspectos da vida. Acredito que, quando esses três pilares são alimentados com constância e consistência, eles formam a receita certa para uma vida bem-sucedida, feliz e harmoniosa, tanto no âmbito profissional quanto no pessoal.

Hoje continuo convicta de que esses três pilares são a receita certa para a alegria e o sucesso. Veja: a Ybera Paris se tornou uma companhia sólida que me enche de orgulho e desafios. Construí um casamento consistente e apaixonado com Johnathan e, juntos, amadurecemos e enfrentamos inúmeras dificuldades. Temos dois filhos maravilhosos, Benjamin e Samuel, que nos enchem de alegria.

Eu quero contar a você como eu fiz tudo isso. Mergulhe nesta jornada comigo. Espero poder ajudá-lo com ferramentas, informações, experiências e soluções para a sua vida empreendedora,

EM UM MUNDO
EM CONSTANTE
TRANSFORMAÇÃO, A SUA
MARCA SOMENTE GANHARÁ
PARTICIPAÇÃO DE MERCADO
E LEALDADE DURADOURA
SE VOCÊ MANTIVER O
PENSAMENTO INOVADOR E
NÃO DEIXAR QUE O MEDO
ASSOMBRE VOCÊ.

– Sauana Alves

e desejo que nossa história sirva de inspiração para que você se descubra único, cave as oportunidades alinhadas à sua vida e nunca jogue uma ideia fora!

Vamos nessa!

CAPÍTULO 1

DESAFIOS E CONFLITOS ENFRENTADOS PELO EMPREENDEDOR

Empreender é navegar por um mar de desafios, internos ou externos. Vamos falar um pouco sobre cada um deles. Primeiro, os desafios internos, aqueles com os quais lidamos dentro de nós mesmos: emoções, pensamentos e sentimentos. Imagine lidar com algo inesperado que aparece do nada – pode ser realmente difícil, não é? Às vezes enfrentamos inseguranças e medos que podem fazer com que o mundo pareça um pouco mais complicado.

Pense na academia de ginástica. Quando não estamos animados e dispostos, até mesmo começar a treinar pode parecer uma tarefa monumental. Se formos à academia e a energia acabar de repente, voltar a fazer exercícios pode ser um desafio quando a energia retornar (a do estabelecimento e a sua). Essa falta de disposição também acontece no trabalho. Mesmo quando estamos desmotivados, precisamos encontrar uma maneira de seguir em frente, porque o trabalho não para.

Vamos falar sobre a importância de uma atitude positiva. Como empreendedor, eu sei que muitas vezes você precisa colocar uma máscara de otimismo e energia, mesmo que por dentro as coisas estejam complicadas. Isso é fundamental para manter a confiança de clientes, funcionários e parceiros. É como ser um atleta que, mesmo com cansaço, dá o seu melhor a cada treino. Nós, mulheres empreendedoras, enfrentamos alguns desafios adicionais. Por exemplo, lidar com a tensão pré-menstrual e suas oscilações de humor pode ser complicado, e muitas vezes não temos a opção de adiar compromissos importantes. Isso exige uma força extra para continuar cumprindo a agenda e sustentando a produtividade.

Claro, há momentos em que estamos doentes, física ou mentalmente, e nesses casos precisamos cuidar de nós mesmos. Aí é fundamental dar uma pausa e descansar, pois sua saúde deve ser sempre prioridade. No entanto, estou falando de quando você percebe que sua mente está tentando sabotá-lo. Nesses momentos, é preciso identificar o que está acontecendo e se fortalecer. Quando surgem pensamentos negativos, você precisa dizer a si mesmo: "Vou lá, vou lutar, vou continuar batalhando pelos meus objetivos e pelo meu negócio. Desistir não é uma opção".

Finalmente, a consistência é a chave. Assim como na academia, aonde você precisa ir regularmente para ver resultados, manter uma rotina consistente no trabalho é essencial. Se você pular alguns dias, pode se sentir desmotivado e perder o ritmo. Estabelecer uma rotina, definir metas e celebrar pequenas vitórias ajuda a manter a motivação e a persistência.

Então, enfrentar desafios internos e conservar a consistência pode ser difícil, mas são partes importantes do caminho empreendedor. O segredo é aprender a lidar com essas dificuldades e continuar avançando, inclusive quando as coisas ficam difíceis. O que eu quero enfatizar é que, mesmo com todas essas variações de sentimentos, você, empreendedor, tem que cumprir o seu trabalho. E isso significa estar bem para os outros. Uma das coisas mais importantes no dia a dia do empreendedorismo é dar o seu melhor para seus clientes e sua empresa. Compartilhe a sua melhor versão com alegria e disposição, pois isso é fundamental em tudo o que fizer na vida.

Isso não significa que você não terá angústias, dúvidas e ansiedades. Porém, acredito que um dos segredos para uma vida bem-sucedida é não compartilhar esses sentimentos negativos com seus clientes, funcionários e parceiros. **O maior desafio de todo empreendedor é aprender a filtrar as emoções negativas e demonstrar apenas o que é positivo. Não é simples, mas é necessário.**

O mais importante é não desistir, porque é muito fácil o corpo esfriar e você se perder nessa autossabotagem. Para lidar com esse tipo de desafio, sempre gosto de usar a academia como exemplo: quanto mais você vai, mais animado e disposto você se sente. Essa disposição o ajuda a manter a frequência. Mas basta você ficar dois ou três dias sem ir que o corpo já começa a sentir; você fica desanimado e pode acabar perdendo o ritmo, deixando de ir. Eu vejo o trabalho da mesma forma.

O segundo tipo de desafio envolve os problemas externos e materiais. Todos nós enfrentaremos imprevistos, sejam eles bons ou ruins, sobre os quais não teremos nenhum controle. Não é possível prever o que vai acontecer daqui a alguns minutos ou horas. Se pudéssemos prever, ninguém morreria em acidentes, por exemplo. Você atravessaria a rua sabendo que um carro iria atropelá-lo? Claro que não, obviamente.

Mas a verdade é que não sabemos absolutamente nada sobre o que virá a seguir, seja para o bem ou para o mal. E, quando esses episódios acontecem, precisamos lidar com eles e administrá-los da melhor forma possível.

Quero compartilhar uma perspectiva diferente com você: eu gosto muito do imprevisto. Pode parecer estranho, mas é verdade. Acredito que **o imprevisto sempre esconde uma oportunidade.**

Desafios e conflitos enfrentados pelo empreendedor

O imprevisto pode ser visto de duas formas: positiva ou negativa. Para muitos, o imprevisto é algo negativo porque não pode ser controlado. Mas, para mim, **o imprevisto é um momento de expansão e aprendizado**. Também é um momento de reflexão: "Por que isso aconteceu comigo? Será que isso está querendo me dizer algo? O que eu preciso aprender com esse momento?".

Eu e Johnathan praticamos esse exercício todas as vezes que nos deparamos com algo inesperado. **Refletir sobre o imprevisto é um exercício muito importante e interessante de incorporar à sua rotina como empreendedor.** Nós fazemos isso em diversas situações e em qualquer momento de dificuldade, pois sabemos que os obstáculos são inevitáveis. Não adianta lutar contra isso.

Então, se você está enfrentando um momento de decisão desafiador — e sabe que há muitos deles na jornada empreendedora —, eu sugiro um processo de reflexão em três etapas para encontrar a melhor saída: primeiro, aceite que o imprevisto aconteceu; segundo, reflita sobre o que esse evento pode estar tentando lhe ensinar; e, terceiro, use esse aprendizado para tomar uma decisão mais consciente e fortalecida.

É importante:

1. **PAUSAR, RESPIRAR E ORAR:** antes de agir, é essencial parar e refletir. Eu sempre oro, pedindo orientação a Jeová, para entender o que aquele desafio pode estar me ensinando. Fazer perguntas é o primeiro passo para encontrar uma resposta.

2. **OBSERVAR OS SINAIS:** em seguida, é preciso observar os detalhes do que está acontecendo ao redor. Identificar pistas

e sinais ajuda a entender como aquele obstáculo pode ser transformado em uma oportunidade. É importante manter uma atitude positiva e acreditar que o desafio o ajudará a subir mais um degrau rumo ao sucesso.

3. **AGIR COM SABEDORIA:** finalmente, com base nessas reflexões e observações, é hora de agir. No entanto, essa ação deve ser ponderada e estratégica. Nem todas as oportunidades precisam ser implementadas imediatamente; às vezes, a melhor decisão é esperar ou adiar essa ideia.

Vou compartilhar dois exemplos da minha própria experiência que ilustram a importância do timing e da persistência no empreendedorismo.

Primeiro, vamos à história de um produto de manipulação capilar que lançamos há cerca de vinte anos. A ideia era que os cabeleireiros pudessem personalizar tratamentos para os clientes, misturando diferentes ativos de acordo com as necessidades específicas de cada cabelo. Embora inovador, o produto não foi bem aceito na época porque os cabeleireiros acharam o processo de manipulação muito trabalhoso. Decidimos descontinuar o produto, mas nunca esquecemos a ideia. Hoje, quase vinte anos depois, estamos relançando o produto, adaptado aos novos tempos e ao desejo crescente dos consumidores por personalização nos cuidados capilares. A ideia visionária que estava à frente de seu tempo agora encontra seu lugar no mercado.

Outro exemplo é o do xampu a seco. Em 2005, conhecemos o conceito por meio de um amigo que fabricava produtos em aerossol. Na época, achei a ideia brilhante, mas, ao observar que o produto não estava vendendo bem, decidimos não lançá-lo com a nossa marca. Agora, anos depois, o xampu a seco se tornou um produto amplamente aceito, e nós finalmente o incluímos em nossa linha de produtos, e ele tem sido um grande sucesso. Esse exemplo mostra como o timing é decisivo e como ideias boas às vezes precisam de tempo para amadurecer e ser aceitas pelo mercado.

Empreender envolve enfrentar muitos obstáculos e imprevistos, mas o importante é como você escolhe lidar com esses desafios. Com uma abordagem estratégica e uma mentalidade positiva, é possível transformar desafios em oportunidades e continuar avançando em direção ao sucesso. **Nunca jogue uma ideia fora apenas porque ela não deu certo imediatamente. Muitas vezes, é só uma questão de timing e persistência. Se você mantiver a mente aberta e estiver disposto a aprender e se adaptar, as respostas que você procura vão surgir, e seu caminho como empreendedor será recompensador.**

●●●

Empreender é um desafio imenso, e no Brasil encaramos obstáculos específicos que merecem atenção especial. São três as principais questões: o machismo, o preconceito contra empreendedores e as complexidades fiscais e contábeis. Aqui, vou explorar essas questões e compartilhar minha perspectiva sobre como elas afetam o empreendedorismo.

O machismo ainda é uma realidade no Brasil e pode criar desafios adicionais para nós, mulheres empreendedoras. Muitas vezes esses desafios não são evidentes ou abertamente expressos, mas se manifestam de formas sutis no nosso cotidiano. Por exemplo, é comum que eu participe de reuniões nas quais sou a única mulher em um grupo de homens. Esse cenário pode tornar mais difícil para nós sermos ouvidas e respeitadas. Precisamos ter uma postura firme e encontrar maneiras eficazes de garantir que nossas ideias e contribuições sejam valorizadas.

A experiência de ter que se sobressair em um ambiente predominantemente masculino é uma realidade para muitas empreendedoras. É como se estivéssemos treinando em uma pista cheia de buracos e irregularidades, enquanto outras pessoas podem estar treinando em uma pista lisa e perfeita. A patinadora que enfrenta obstáculos aprende a pular, desviar e se adaptar a diferentes situações, o que pode torná-la mais habilidosa em certos contextos. Logo, os desafios que enfrentamos como mulheres podem nos tornar mais resilientes e preparadas para lidar com situações complexas, oferecendo vantagens únicas.

O segundo desafio é a mentalidade limitante que ainda persiste em relação aos empreendedores. Há uma visão equivocada de que empreender no Brasil muitas vezes está associado a práticas questionáveis ou ilegais. Embora essa percepção esteja mudando com as novas gerações, ainda enfrentamos esse estigma. A verdade é que empreender exige trabalho árduo e dedicação extrema. Na Ybera Paris, seguimos rigorosamente as normas e mantemos a transparência, apesar dos desafios financeiros que enfrentamos.

A transparência e a honestidade são fundamentais para construir uma marca sólida e confiável. Ao contrário de algumas empresas que podem omitir ou distorcer informações sobre seus produtos, nós nos esforçamos para garantir que o que está no rótulo seja exatamente o que está dentro do pote. A falta de

Desafios e conflitos enfrentados pelo empreendedor

ENFRENTAR DESAFIOS INTERNOS E CONSERVAR A CONSISTÊNCIA PODE SER DIFÍCIL, MAS SÃO PARTES IMPORTANTES DO CAMINHO EMPREENDEDOR.

— Sauana Alves

honestidade não apenas prejudica a reputação da empresa, mas também pode levar a uma rápida perda de credibilidade.

Por último, a carga tributária no Brasil representa um desafio significativo. Os impostos elevados podem consumir uma parte substancial dos lucros, tornando a gestão financeira mais complexa. Embora o pagamento de impostos seja uma responsabilidade necessária, a alta tributação pode representar um obstáculo expressivo para o crescimento e a sustentabilidade das empresas.

Apesar de todos esses desafios, vejo cada obstáculo como uma oportunidade para inovação e crescimento. As adversidades exigem criatividade e soluções eficazes, o que pode levar ao desenvolvimento de novas ideias e produtos. Portanto, encare os desafios como oportunidades para transformar e aprimorar seus negócios!

CAPÍTULO 2

CAUSAS DA ESTAGNAÇÃO

Uma das frases que eu mais escuto de pessoas próximas, seja da família ou do trabalho na Ybera Paris, é que a vida está estagnada. "Ah, minha vida não anda!" ou "Ah, minha vida não vai para frente". Já ouvi tanto isso! Eu escuto com muita atenção, mas a verdade é que eu e Johnathan nunca falamos algo assim, porque nunca sentimos nossa vida estagnada.

Uma pessoa que diz que a vida está estagnada é alguém que não acredita em si mesmo e, consequentemente, não acredita no seu próprio negócio ou na sua própria ideia. Essa crença e essa confiança em você e nas suas ideias são fundamentais para uma vida feliz e bem-sucedida, tanto no âmbito pessoal quanto no profissional. Você tem que acreditar no seu potencial.

Eu acho que a estagnação pode ter muitas causas e, em alguns casos, é importante investigar quais são elas. Às vezes, pode ser um trauma de infância, uma tristeza ou uma desilusão; outras vezes, pode ser um momento em que a pessoa está desacreditada porque tentou uma coisa de várias maneiras e deu errado. Mas é preciso cuidar desses aspectos e sair da estagnação. Há várias formas de se cuidar. Uma dessas formas é ter ajuda de profissionais, como terapeutas ou psicólogos. Acredito que vale a pena pensar nisso, pois há momentos em que ajuda profissional se faz necessária.

Na sua vida profissional, a estagnação pode ser um erro fatal, que pode levar você a ter problemas seríssimos na empresa. Você pode me perguntar: "Qual é o primeiro passo para sair da estagnação?". Eu conto: você não precisa de dinheiro, nem de uma estrutura pronta, nem de muita coisa, não. Pelo contrário, basta ter uma atitude que é muito simples e que pode ser iniciada já: observar.

Isso mesmo, observar. Eu acredito que, **a partir do momento que você observa as novidades ao seu redor**, muito dessa estagnação pode ser minimizada. **Você passa a ficar mais aberto às mudanças.**

Por exemplo, um profissional designer de interiores que estava se sentindo estagnado decide observar tendências em feiras e revistas de decoração, o que traz novas ideias e inspirações para projetos inovadores. Da mesma forma, um empreendedor em uma cafeteria pode notar a popularidade de novos métodos de preparo e decidir incorporá-los no seu cardápio, resultando em aumento significativo no número de clientes. Outro exemplo é um chef de cozinha cansado de seus pratos habituais que começa a experimentar receitas com ingredientes locais e sazonais, e esses novos pratos se tornam um sucesso entre os clientes, renovando seu entusiasmo.

Para mim, o grande segredo é estar **EM MOVIMENTO**. Quando estamos em movimento, as ideias chegam e, com elas, o entusiasmo de pensar coisas novas e se motivar com as possibilidades.

Depois que as ideias começam a surgir, o próximo passo é testar. Muito empreendedor também acaba estagnado nesse momento, pois fica receoso de testar ou acredita que não vale a pena. Lembre-se: testar é fundamental para o seu negócio. Você não pode ter medo de testar. Por exemplo, uma startup de tecnologia lança uma versão beta de um aplicativo para obter feedback dos usuários antes do lançamento oficial. A partir das sugestões recebidas, faz ajustes que melhoram a experiência do usuário e ajudam a alcançar mais clientes. O lema é: "Feito é melhor que perfeito".

No meu caso e do Johnathan, eu tenho tendência a querer as coisas de forma mais perfeita. Por mim, nós esperaríamos um pouquinho mais para lançar produtos ou testar coisas novas. Já o Johnathan tem um timing mais acelerado para tomar decisões. Esse exemplo ilustra a importância de termos parcerias de confiança. Tenho certeza de que nós só chegamos aqui porque somos nós dois, em toda a nossa complementaridade e amor.

Por último, há uma ideia que considero equivocada: a de que só é possível investir e empreender se você tiver muito dinheiro e capital inicial. Eu discordo completamente. Se fosse assim, eu, Johnathan e muitos outros empreendedores que conheço não teríamos conseguido alcançar o sucesso. A verdade é que começar um negócio sem uma grande estrutura é possível, e foi exatamente isso que vivenciamos. Nós não tivemos uma herança ou investidores quando começamos. No início, contamos com o meu salão, que pagava as contas e nos sustentava, enquanto investíamos no nosso sonho de criar uma marca própria. Com o tempo, fomos escalando nossos esforços e ajustando o crescimento conforme as oportunidades e os recursos surgiam.

O mais importante é ter uma visão clara, ser criativo na forma como você utiliza os recursos disponíveis e estar disposto a trabalhar duro. Em vez de se concentrar na falta de dinheiro, foque como você pode começar com o que tem e construir aos poucos. Muitos empreendedores de sucesso iniciaram suas jornadas com pouco e foram crescendo gradualmente, ajustando seus planos conforme aprendiam e evoluíam. O caminho do empreendedorismo muitas vezes é uma jornada de passos pequenos e persistentes, e a falta de capital não deve ser um obstáculo para seguir. O verdadeiro investimento é na sua visão, na sua capacidade de adaptação e no trabalho árduo que você está disposto a dedicar para transformar seu sonho em realidade.

Não se deixe paralisar esperando que o dinheiro apareça para testar sua ideia ou começar seu negócio. Em vez disso, planeje-se, organize-se, desenvolva uma estratégia sólida e mantenha-se em movimento. Lembre-se: você é a estrutura principal da empresa. O ser humano é a base sobre a qual tudo se constrói.

Eu e Johnathan começamos com o que tínhamos nas mãos. Iniciamos a produção nas panelas da cozinha da nossa casa. Mesmo sem grandes recursos, mantivemos nossa criatividade ativa e buscamos soluções práticas para cada desafio. Em vez de esperar condições perfeitas, usamos os recursos disponíveis e focamos criar e testar nossas ideias.

As adversidades inevitavelmente surgem, e é normal enfrentar momentos difíceis. No entanto, você não deve entender essas dificuldades apenas como obstáculos, mas como oportunidades para crescimento e aprendizado. Cada desafio enfrentado vai fortalecê-lo e ajudá-lo a amadurecer como empreendedor.

PARA MIM, O GRANDE SEGREDO É ESTAR EM MOVIMENTO. QUANDO ESTAMOS EM MOVIMENTO, AS IDEIAS CHEGAM E, COM ELAS, O ENTUSIASMO DE PENSAR COISAS NOVAS E SE MOTIVAR COM AS POSSIBILIDADES.

Portanto, não permita que a falta de capital inicial ou outros desafios externos o impeçam de seguir em frente. Use sua criatividade, adapte-se às circunstâncias e encontre maneiras inovadoras de superar as dificuldades. Com perseverança e dedicação, você pode transformar as adversidades em trampolins para o sucesso e continuar avançando em sua jornada empreendedora. Lembre-se: a verdadeira estrutura de um negócio está não apenas nos recursos financeiros, mas também na visão, determinação e capacidade de se adaptar e crescer continuamente.

Algo muito importante que eu e Johnathan tivemos, desde o começo, foi profissionalismo. Nós trabalhávamos muito e nos virávamos em vinte. Por exemplo, se recebíamos uma ligação pedindo para falar com o setor de vendas, eu respondia: "Só um momento, por favor, que vou repassar a ligação para o nosso setor de vendas", e passava o telefone para o Johnathan, que, na maioria das vezes, estava do meu lado na mesa na sala de casa. E fizemos isso por muito tempo, até conseguirmos contratar nosso primeiro funcionário.

E essa jogada de se mostrar confiante e profissional é algo absolutamente importante. Por quê? Porque não demonstra fraqueza. Isso é fundamental. Não é que a fraqueza não exista. Mas a fraqueza é sua; os outros não precisam saber dela – ou melhor, os outros não podem saber dela. As pessoas merecem o seu melhor, sempre – o seu melhor atendimento, a sua melhor embalagem, o seu melhor sorriso, o seu melhor produto. O seu melhor! Deixar transparecerem fraquezas, ansiedades, problemas de infraestrutura ou de logística para clientes ou consumidores é um erro avassalador para um negócio. Deixe sua fraqueza guardada com você e, devagarzinho, atrás das cortinas, busque meios de resolvê-la e se fortalecer.

Causas da estagnação 45

Outro erro que pode prejudicar muito um negócio é você achar que, só porque um produto ou serviço está dando certo, não é preciso mudar nada. A ideia "em time que está ganhando não se mexe" pode ser um grande engano no mundo dos negócios. Ficar parado e não buscar melhorias pode ser muito ruim e limitar o crescimento da empresa.

O mercado está sempre mudando, e a concorrência é forte. O que funciona bem hoje pode não ser o suficiente amanhã. Se você acha que já chegou ao topo e não precisa inovar, pode acabar sendo superado por concorrentes que estão sempre trazendo novidades. Ficar estagnado pode levar seu negócio a se tornar obsoleto, especialmente em um mercado no qual novas marcas e ideias surgem o tempo todo.

Por exemplo, imagine uma empresa que lançou um produto inovador e fez sucesso. Se essa empresa parar de investir em melhorias e não atualizar seus produtos, pode ser ultrapassada por concorrentes que trazem novidades. No caso da Ybera Paris, se tivéssemos parado e somente mantido o que estava funcionando, não teríamos conseguido nos destacar. A inovação constante foi o que nos ajudou – e ainda ajuda – a crescer e ter sucesso.

É importante sempre procurar maneiras de melhorar processos, produtos e serviços. Testar novas ideias e fazer melhorias contínuas é algo que ajuda a manter seu negócio relevante e mostra que você está comprometido com a excelência. Não se acomode com o sucesso atual. Use-o como base para continuar crescendo e se destacando. Mostrar sempre o melhor de si e da sua empresa é o que garante seu sucesso em longo prazo.

A inovação e a adaptação são essenciais para o crescimento de um negócio. Não subestime a importância de estar sempre em movimento e buscando melhorias, mesmo quando as coisas estão indo bem. Isso é o que vai ajudar seu sucesso a continuar se expandindo e manter você à frente da concorrência.

Outro ponto muito importante é saber delegar. Delegar é essencial para o crescimento e o amadurecimento de qualquer negócio. Quando um empreendedor centraliza tudo nas próprias mãos, corre o risco de estagnar. Lembre-se de que você precisa estar sempre em movimento, porque é nesse movimento que surgem as ideias, as respostas aos desafios e as oportunidades que mantêm a empresa viva, vibrante e preparada para enfrentar concorrentes e obstáculos. Ser centralizador é algo que ficou no passado. Na Ybera Paris, nós entendemos a importância de delegar, mas isso não significa que simplesmente passamos as tarefas para os outros e cruzamos os braços. Pelo contrário, nós delegamos e acompanhamos de perto cada processo em todos os departamentos.

Minha sugestão é que você reflita sobre o que pode fazer para manter-se em movimento. A vida é movimento, e é nele que encontramos o crescimento. Esse movimento pode começar com algo simples, como a observação. Observe o que está acontecendo, mantenha-se atento e curioso e tente perceber as necessidades e dores que existem ao seu redor. É o que sempre digo: a necessidade faz você se mexer. E, se você estiver bem psicologicamente – porque cuidar da sua saúde mental é fundamental –, será capaz de identificar demandas e oportunidades que se encaixam em suas habilidades e visão.

Então, ao delegar, você não só libera tempo e energia para se concentrar em novas ideias e estratégias, mas também permite que sua equipe cresça e amadureça junto com a empresa. Isso cria um ciclo positivo, no qual todos estão em constante movimento e evolução, algo determinante para o sucesso contínuo do negócio.

- **NÃO DEIXE QUE A ESTAGNAÇÃO** faça você perder o ritmo do seu negócio.

- **ESTEJA ABERTO A MUDANÇAS:** o empreendedor precisa sempre estar atento e em observação. As coisas mudam o tempo todo. São esses momentos de mudança que podem fornecer uma ideia genial ou a oportunidade de um produto novo para a sua empresa. Por isso, esteja aberto a mudanças sempre!

- **TESTE E EXPERIMENTE:** o empreendedor não pode ter medo de testar coisas novas. Os testes são fundamentais para sabermos se o produto (no nosso caso) tem chance de ser bem-aceito ou não. Nós testamos muito e o tempo todo. Testar e experimentar coisas novas mantém a empresa vibrante e competitiva.

- **DELEGUE E CONSTRUA PARCERIAS DE CONFIANÇA COM SÓCIOS E FUNCIONÁRIOS:** eu acredito que centralizar é um grande erro. É importante aprender a delegar e a confiar nas pessoas. Claro que, às vezes, podemos nos decepcionar. Mas o importante é delegar e acompanhar os processos.

- **FOCO TOTAL NAS PESSOAS:** elas são a chave de tudo! Tudo é feito por pessoas e para pessoas. O lucro é consequência de um trabalho bem-feito, com pessoas que entregaram a melhor versão de si.

- **COMECE E DÊ O PRIMEIRO PASSO:** acreditar que é preciso um grande investimento financeiro para começar é um equívoco. Se fosse assim, eu e Johnathan não teríamos chegado aonde chegamos.

- **APOSTE SEMPRE NA INOVAÇÃO:** não investir em inovação é um erro enorme. A inovação é o que mantém a empresa competitiva e sempre à frente.

- **CONTINUE APRIMORANDO SEMPRE:** achar que determinado produto ou serviço está ótimo e que dará certo para sempre é um erro. Precisamos melhorar constantemente.

Causas da estagnação 49

CAPÍTULO 3

SOLUÇÕES PARA INOVAÇÃO

Eu sou totalmente apaixonada pela palavra inovação e por todo o processo da inovação, desde a ideia até o momento de criar o produto e levá-lo para o público. Para mim, inovação é uma ideia testada e aceita por seu público-alvo. Essa ideia só é inovação se é aceita pelas pessoas para quem foi idealizada. E, além disso, eu acredito na inovação quando ela vem com um propósito.

O que eu quero dizer é que não é possível afirmar que se está inovando apenas com uma ideia, porque a inovação precisa ser materializada. Você pode até ter uma ideia superinovadora, mas, se não for aceita pelas pessoas, não é inovação. Quantas ideias brilhantes de milhares de pessoas e até de grandes cientistas já passaram por tantas cabeças, mas não se tornaram inovações? Porque a maioria das ideias ou não sai do papel, ou não se prova aceita pelas pessoas.

Inovação pode ser muita coisa diferente. Pode ser um produto, um serviço, um sistema, uma metodologia ou até uma promoção que foi feita pela primeira vez e que deu muito certo! Se deu certo e foi aceito pelas pessoas, é um tipo de inovação. A inovação é muito ampla e abrangente.

Há muitas formas de inovar. Eu acredito que não precisamos de grandes investimentos para inovar. Falei um pouco disso no capítulo anterior: muitas empresas surgem sem capital, como a Ybera Paris surgiu. Inovação é ter uma visão clara e uma abordagem criativa para resolver problemas e atender às necessidades do mercado. Se você observar com atenção e tiver uma cabeça aberta, conseguirá encontrar novas soluções e oportunidades de negócio. Nos próximos capítulos, vou compartilhar com você as ferramentas mais importantes que eu uso no meu dia a dia, que são minhas principais soluções para me manter constantemente inovando. São elas:

- **Observação sensorial:** a chave para entender seu público-alvo.
- **Criatividade:** a chave para inovar e antecipar tendências.
- **Talento:** o caminho para descobrir e utilizar suas habilidades únicas.
- **Pesquisa:** a base para validar suas ideias.
- **Consistência:** a chave para transformar ideias em realidade.

No caso da Ybera Paris, nós entendemos profundamente o nosso consumidor. Isso é muito importante e valioso para qualquer empreendedor de qualquer setor. Saiba tudo sobre o seu consumidor final. Como ele é? Quantos anos tem? Como ele vive? Como ele compra? E, o mais importante, o que ele sente? Qual é a dor dele e como você vai ajudá-lo a curar essa dor? Todas essas são perguntas fundamentais para ter sempre em mente e estar sempre pensando na melhor resposta. Esse é o espírito da mente inovadora: a capacidade de ver além do óbvio, questionar o *status quo* e estar constantemente em busca de novas soluções e melhorias. É uma mentalidade curiosa e aberta, que abraça o desconhecido com entusiasmo e não teme o fracasso, enxergando-o como uma oportunidade de aprendizado.

INOVAÇÃO É UMA IDEIA TESTADA E ACEITA POR SEU PÚBLICO-ALVO. ESSA IDEIA SÓ É INOVAÇÃO SE É ACEITA PELAS PESSOAS PARA QUEM FOI IDEALIZADA.

Essa mentalidade está sempre atenta às mudanças e tendências do mercado, buscando antecipar as necessidades futuras e encontrar maneiras criativas de atender a essas demandas. Uma mente inovadora é persistente, adaptável e disposta a experimentar e testar, até encontrar a melhor solução. Ela valoriza a colaboração, sabendo que grandes ideias muitas vezes surgem do trabalho em equipe e da troca de perspectivas diferentes.

Além disso, o espírito da mente inovadora envolve uma profunda conexão com propósito e paixão, movendo-se não apenas por resultados imediatos, mas por uma visão de longo prazo que busca criar impacto positivo e duradouro. É uma força motriz que mantém o empreendedor ou profissional sempre em movimento, motivado pela curiosidade, pela vontade de fazer a diferença e pela crença de que sempre há uma maneira melhor de fazer as coisas.

No ramo da beleza, a busca por mudança é constante e implacável. À primeira vista, pode parecer que as pessoas mudam o cabelo por vaidade, mas vai além disso. Com o tempo, percebi que essa busca por mudança não é apenas vaidade pessoal; ela é motivada por um desejo profundo de se enquadrar nos padrões de

A VERDADEIRA ESTRUTURA DE UM NEGÓCIO ESTÁ NÃO APENAS NOS RECURSOS FINANCEIROS, MAS TAMBÉM NA VISÃO, DETERMINAÇÃO E CAPACIDADE DE SE ADAPTAR E CRESCER CONTINUAMENTE.

– Sauana Alves

beleza impostos pela sociedade. Muitas vezes, a imagem que a pessoa vê no espelho não corresponde ao que a sociedade define como "belo". Se a tendência é cabelo liso, todos querem ter cabelo liso; se é cabelo cacheado, todos buscam cachos. Não estou dizendo que concordo com isso, mas é assim que funciona.

A verdade é que as pessoas buscam se alinhar a esses padrões porque querem ser aceitas e amadas. A vaidade, em muitos casos, é reflexo desse desejo de aceitação social. Quando alguém muda o cabelo ou a aparência, frequentemente está tentando se sentir mais amada(o) e incluída(o) no grupo. Isso revela uma insatisfação pessoal com sua própria imagem, e é aí que entra o papel do empreendedor na área da beleza: identificar essa insatisfação e oferecer soluções que realmente atendam às necessidades emocionais e estéticas dos clientes.

Foi com essa percepção que, em 2005, eu e o Johnathan identificamos uma grande dor no mercado: as escovas progressivas tradicionais causavam muita fumaça e ardência, tanto para os cabeleireiros quanto para os clientes. Recebemos muitos pedidos de cabeleireiros que buscavam uma alternativa que não causasse esses desconfortos. Percebendo essa demanda, decidimos agir. Começamos a pesquisar incansavelmente uma solução que fosse mais segura e confortável.

Após diversas tentativas, conseguimos desenvolver uma formulação inovadora que não só eliminava a fumaça e a ardência, mas também era segura e legalizada, sem o uso de formol. Nascia assim a nossa primeira escova progressiva, a Chocolizz, que, além de ser segura, trazia o diferencial de incluir manteiga de cacau e aroma de chocolate. Esse produto foi um sucesso imediato e marcou uma revolução na cosmética capilar brasileira.

Soluções para inovação

Essa inovação não foi apenas uma melhoria técnica; foi uma resposta direta a uma necessidade real e urgente dos nossos clientes. Isso é o que caracteriza uma inovação com propósito: não se trata apenas de criar algo novo, mas de desenvolver soluções que realmente melhorem a vida das pessoas.

Hoje, passados vinte anos desde o lançamento da Chocolizz, a Ybera Paris continua a evoluir a nossa progressiva, agora conhecida como Fashion Gold, e a criar outras inovações no mercado. O segredo está em entender profundamente as dores do cliente e oferecer soluções que sejam autênticas e criativas. Quando entrega um produto que resolve a frustração do seu consumidor de forma genuína, você não só se destaca no mercado, mas também constrói uma base sólida de confiança e lealdade com seus clientes. Essa é a essência da inovação: oferecer algo único e relevante que realmente faça a diferença.

Pensar produtos ou serviços com autenticidade e inovação oferece várias vantagens para você:

- **CONSTRUIR CONFIANÇA:** garanta que as inovações sejam confiáveis e atendam às expectativas dos clientes; afinal, manter uma qualidade consistente, sendo transparente sobre o que seu produto faz, como faz e quais são os benefícios dele, ajuda a criar um senso de credibilidade. Ofereça um excelente atendimento ao cliente, demonstrando comprometimento com a satisfação do consumidor e contribuindo para fortalecer a confiança.

- **DIFERENCIAÇÃO NO MERCADO:** desenvolva algo verdadeiramente único e mostre como sua inovação resolve problemasde maneira mais eficaz, ajudando a criar um diferencial competitivo. Uma identidade de marca forte e uma experiência excepcional para o cliente ajudam a destacar sua marca em um mercado competitivo.

- **SATISFAÇÃO E FIDELIZAÇÃO:** atenda às necessidades reais dos clientes e colete feedbacks para aprimorar continuamente seus produtos, garantindo satisfação e fidelização. Ofereça valor que supere as expectativas e implemente programas de fidelidade, visando recompensar clientes frequentes, incentivando a lealdade e a repetição de compras.

- **AGILIDADE E COMPREENSÃO DAS MUDANÇAS:** seja ágil na implementação e adaptação de novas ideias; acompanhe as mudanças nas preferências dos consumidores e nas tendências de mercado, mantendo a sua relevância. A capacidade de ajustar rapidamente sua abordagem com base no feedback do mercado ajuda a manter a inovação eficaz e oportuna.

Incorporar esses conceitos no processo de inovação ajuda a garantir que suas novas ideias se destaquem e tenham um impacto duradouro e positivo no mercado. Por isso, tenha sempre isto em mente: **inovação é a força que impulsiona a evolução e o sucesso em qualquer setor**. Comigo e com o Johnathan, a inovação começou com a identificação de uma necessidade real no mercado: a busca por escovas progressivas sem formol. Em 2005, respondemos a essa demanda ao desenvolver uma fórmula segura e eficaz. Esse marco solucionou um problema importante para os cabeleireiros

Soluções para inovação

e clientes e sinalizou o início da Ybera Paris como uma marca inovadora no setor de cosméticos.

A jornada da empresa não parou por aí. Ao longo dos anos, ela continuou evoluindo e aprimorando as inovações. Veja como a inovação pode se manifestar em diferentes formas – de produtos e serviços até metodologias e experiências únicas. A chave para o sucesso da Ybera Paris foi entender profundamente as necessidades de nossos clientes, oferecer soluções autênticas e cultivar um compromisso constante com a qualidade e a melhoria contínua.

Construir confiança, diferenciar-se no mercado, garantir a satisfação e a fidelização dos clientes, manter agilidade na adaptação às mudanças – todos esses são pontos fundamentais para uma inovação bem-sucedida. Esses elementos são interligados e formam a base para oferecer produtos e serviços que atendam, mas também superem as expectativas dos clientes.

A inovação é mais do que uma ideia (e você nunca vai jogar uma ideia fora, lembra?). Inovar é um processo ininterrupto de ouvir, entender e adaptar-se. É oferecer soluções que resolvem problemas reais e que fazem a diferença na vida das pessoas. A Ybera Paris continua buscando novas oportunidades para inovar, mantendo-se fiel ao seu propósito de proporcionar qualidade e valor em cada produto que desenvolve.

INOVAÇÃO É MAIS DO QUE UMA IDEIA; é um processo contínuo de escuta ativa, compreensão profunda e adaptação estratégica. É oferecer soluções que resolvem problemas reais e que fazem uma diferença significativa na vida das pessoas. Na Ybera Paris, acreditamos que a inovação com propósito é o que nos permite acompanhar as mudanças do mercado e, mais do que isso, liderá-las.

Continuaremos buscando novas oportunidades para inovar, sempre comprometidos com oferecer qualidade, autenticidade e valor em cada produto que desenvolvemos. Além de atender às necessidades dos nossos clientes, o objetivo da Ybera Paris é superar expectativas, criando conexões genuínas e duradouras com aqueles que confiam em nossa marca.

CAPÍTULO 4

OBSERVAÇÃO SENSORIAL: A CHAVE PARA ENTENDER SEU PÚBLICO-ALVO

Observar é uma das chaves para todo o sucesso do grupo Ybera Paris, tenho absoluta certeza! Para mim, a observação é a chave para encontrarmos ideias autênticas e inovadoras, para aguçarmos a nossa criatividade e mantermos o espírito da mente inovadora – não só para o negócio, mas para a vida como um todo. Não importa se você está querendo abrir um novo empreendimento, criar um novo produto ou encontrar um amor. Você precisa estar aberto para esse encontro, e isso só ocorrerá se você observar. Se ficar com a mente fechada e com pensamentos negativos, tudo fica mais difícil, certo?

O começo da Ybera Paris aconteceu por causa da observação. Como contei no capítulo anterior, quando entrei num salão e vi aquela fumaça e todo mundo reclamando, com os olhos ardendo, entendi que era necessário criar uma progressiva sem formol. E não descansei enquanto não encontrei uma fórmula que atendesse aos cabeleireiros de forma eficaz e sem formol. Mas eu, sempre inquieta e querendo melhorar e inovar, ainda não estava satisfeita. Eu falava para o Johnathan: "Ainda falta aquele toque, como no de uma música de sucesso que toca o coração das pessoas, que é diferente e especial". Fiquei pensando nessa história da música durante um bom tempo, me fazendo essa pergunta e refletindo sobre as possíveis respostas.

Naquela época, conversando com pessoas do mercado e com nossa equipe, percebemos que havia uma onda crescente de produtos de beleza usando chocolate, mas tudo era focado em cuidados com a pele. A tia do Johnathan, que era vendedora dos nossos produtos, comentou sobre essa tendência, e foi aí que tivemos uma ideia: por que não criar uma escova progressiva de chocolate? Fiquei entusiasmada com a possibilidade e logo comecei a testar fórmulas em casa. Lembro-me bem do primeiro teste: usamos cacau em pó na fórmula, mas o resultado foi um desastre. O creme grudava na chapinha, e o teste foi um fiasco. Mas desistimos? De jeito nenhum!

Continuamos testando, e eu sempre falando comigo mesma: "Pense como uma química, pense como uma química". Foi quando pensei em acrescentar à fórmula a manteiga de cacau e a essência de chocolate, pois nós teríamos o cheiro do chocolate e a hidratação do cacau. Assim nasceu a Chocolizz. Essa ideia foi muito bem-aceita e fez com que a nossa empresa, ainda pequenininha e desconhecida, crescesse. Cresceu tanto, que foi nesse momento que tivemos que parar de fabricar nas panelas de casa e fizemos parceria com uma fábrica em Nova Friburgo que produzia nossos produtos — mas com um acordo de confidencialidade, porque a fórmula era nossa. Isso foi há vinte anos.

A prática da observação sensorial nunca parou para mim. Foi por meio dessa contínua observação que conseguimos evoluir nossa progressiva de Chocolizz para Fashion Gold. Percebi que o mercado estava demandando produtos de aplicação mais rápida, pois o conceito "tempo é dinheiro" estava cada vez mais presente. Foi então que lançamos a primeira progressiva de um passo só, sendo pioneiros nesse conceito. Essa experiência reforçou a ideia de que o sucesso de um negócio ou produto depende da capacidade de observar atentamente as necessidades do mercado. Manter-se vigilante e sensível às mudanças e demandas ao redor é o que permite inovar e atender às expectativas de forma eficaz.

A observação é algo tão avassalador na minha vida, que, com o tempo, fui desenvolvendo o conceito de "observação sensorial": quando aquela observação simples transborda para os meus sentidos e me emociona. Se você observar sem sentir, isso não representou nada para você. Se não toca seu coração, você não sentiu. Por isso eu falo em observação sensorial, porque é preciso que as duas ações ocorram ao mesmo tempo. A observação sensorial acontece quando você enxerga algo e esse algo desperta alguma sensação em você.

Para mim, a maior observação de todas é a própria natureza, pois tudo sempre começa como uma inovação absoluta de Deus. Na verdade, Ele é o grande Criador, e nós nos inspiramos nele para inovar.

Eu gosto muito de observar a natureza e, por conta disso, estudo biomimética há anos. Biomimética é ter a natureza como inspiração para ideias, projetos e soluções. Para mim, é uma das maiores ferramentas de criatividade e inovação que existem. Eu simplesmente gosto muito falar sobre isso. Gosto tanto, que leio sobre várias dessas criações biomiméticas e também utilizo esse conceito na Ybera Paris:[5]

> *O objetivo da biomimética é descobrir princípios que regem a organização da estrutura de materiais biológicos e implementá-los na construção de materiais*

5 O QUE é, o que é? Biomimética. **Revista Pesquisa Fapesp**, jan. 2013. Disponível em: https://revistapesquisa.fapesp.br/o-que-e-o-que-e-14/. Acesso em: 12 ago. 2024

sintéticos de alto desempenho. Os avanços deste ramo científico, que tenta "imitar a vida", são alcançados tanto em nível acadêmico quanto em aplicações práticas na indústria, envolvendo diversos campos do conhecimento, como engenharia de materiais, robótica, mecânica de fluidos, arquitetura e química.

Biomimética é uma abordagem poderosa que busca replicar as soluções engenhosas da natureza à criação de materiais e tecnologias inovadores. Em termos simples, é observar como a natureza resolve problemas e aplicar esses princípios em produtos sintéticos de alta performance. Isso resulta em avanços incríveis em diversas áreas, como engenharia de materiais, robótica, arquitetura e química. Vou dar alguns exemplos de como a natureza inspirou inovações que revolucionaram diferentes indústrias:

- **VELCRO.** Nos anos 1940, o engenheiro George de Mestral se inspirou nos carrapichos que grudavam em roupas e pelos de animais. Ao examinar esses carrapichos no microscópio, notou que eles tinham pequenos ganchos que se prendiam a qualquer superfície, como "alças". A partir disso, desenvolveu o velcro, que hoje tem incontáveis aplicações.[6]

- **REFRIGERAÇÃO PASSIVA.** No Zimbábue, foi construído um edifício inspirado nas casas de cupins africanos, que mantêm

---

6 RAPHAEL. Biomimética: o que é e ideias de negócio. **Inovação Sebrae, Gestão Criativa, Cultura de Inovação**, 4 jul. 2024. Disponível em: https://inovacaosebraeminas.com.br/artigo/biomimetica-o-que-e. Acesso em: 11 ago. 2024.

- uma temperatura interna estável, mesmo em climas extremos. O design permite a circulação de ar, o que reduz significativamente o consumo de energia, economizando pelo menos 10%.[7]

- **PAINÉIS GIRASSOLARES.** Inspirados nos girassóis, que sempre se voltam para o sol, o Massachusetts Institute of Technology (MIT) criou um sistema de captação solar mais eficiente. Esse sistema imita o movimento das flores para maximizar a absorção de energia.[8]

- **TEIA DE ARANHA.** Feita de proteínas que combinam força e elasticidade, a teia de aranha é cinco vezes mais resistente do que o aço de mesmo diâmetro. Esse material tem grande potencial para uso em diversas indústrias, incluindo de cosméticos e têxteis, além da área médica.[9]

Como empreendedora, vou contar a você de que forma aplicamos a biomimética na Ybera Paris. Um dos nossos produtos mais inovadores, a linha Vello, nasceu justamente dessa abordagem. Tudo começou com um estudo sobre o crescimento acelerado do

---

7 *Ibidem.*

8 NATUREZA como inspiração tecnológica: conheça 5 invenções inspiradas na natureza. **Museu Weg de Ciência e Tecnologia**, 27 maio 2022. Disponível em: https://museuweg.net/blog/natureza-como-inspiracao-tecnologica-conheca-5-invencoes-inspiradas-na-natureza/. Acesso em: 11 ago. 2024.

9 PANCINI, L. Startup de Israel cria material tão resistente quanto teia de aranha. **Revista Exame**, 1 jun. 2021. Disponível em: https://exame.com/inovacao/startup-de-israel-cria-material-tao-resistente-quanto-teia-de-aranha/. Acesso em: 11 ago. 2024.

Observação sensorial 65

cabelo de bebês, que é impulsionado pelo colostro – o primeiro leite materno, rico em proteínas e nutrientes.

A partir desse estudo, encontramos um ativo biomimético do colostro, que aplicamos na linha Vello. Essa linha é composta por xampu, condicionador e tônico, e foi projetada para acelerar o crescimento capilar em até 60%. Isso ajuda os fios já existentes a crescerem mais rápido e estimula folículos capilares que estão adormecidos. Fomos pioneiros no Brasil ao usar esse ativo, e ele se tornou um dos nossos campeões de vendas.

Essa observação sensorial também se aplica às pessoas. Eu observo como elas se comportam na sociedade e como indivíduos. Essa prática me traz inspiração para identificar novas necessidades e o surgimento de novas demandas que possam ser atendidas no campo da beleza. Ao entender o comportamento humano, consigo desenvolver produtos que realmente fazem diferença na vida das pessoas, conectando-as com nossas soluções de uma maneira que ultrapassa o simples uso estético, transformando e impactando.

Esse tipo de conexão é o que transforma clientes em fãs leais. Alguns de nossos clientes ficam tão conectados à nossa marca, que chegam a tatuar o "Y" da Ybera Paris. Isso é a prova do impacto profundo de nossos produtos na vida das pessoas, e só acontece porque nosso foco é transformar vidas, oferecendo produtos que resolvem problemas e geram confiança.

Como empreendedora, acredito profundamente que o mais importante em qualquer negócio são as pessoas. Para mim, os indivíduos são mais valiosos do que qualquer produto ou recurso material. Quando você priorizar o ser humano e criar produtos que toquem os corações e sentidos das pessoas, vai estabelecer uma conexão genuína que construirá uma base sólida de clientes fiéis

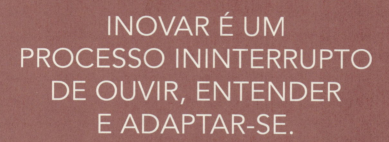

"INOVAR É UM PROCESSO ININTERRUPTO DE OUVIR, ENTENDER E ADAPTAR-SE."

— Sauana Alves

e satisfeitos. Essa ênfase nas pessoas, e não apenas nas coisas, é o verdadeiro segredo do sucesso da Ybera Paris. Ao colocar as necessidades e os sentimentos das pessoas acima dos bens materiais, você vai garantir que seu trabalho atenda às expectativas e também ressoe de forma significativa, criando um impacto duradouro e positivo.

A observação sensorial é fundamental em qualquer negócio, sobretudo na área da beleza. Ao observar o comportamento das pessoas, como suas expressões faciais, seu tom de voz e até o modo como mexem os cabelos, é possível identificar suas necessidades e ajustar a abordagem e a entrega do produto. Isso significa prestar atenção nos detalhes que indicam como melhorar a experiência do cliente, do cheiro do produto até a aparência e funcionalidade da embalagem. No meu caso, adaptamos as embalagens para reduzir o impacto ambiental, garantindo que, além de atraentes visualmente, elas sejam seguras e práticas para uso diário.

Na Ybera Paris, enfrentamos várias adversidades relacionadas ao design das embalagens. Observando como as pessoas interagem com os produtos no dia a dia, percebemos que a embalagem não pode ser subestimada. Ela faz parte do cotidiano dos clientes e deve se adaptar a diferentes situações — da bolsa até a bancada do banheiro. Esse entendimento nos levou a criar embalagens que não só atendem a questões funcionais, mas também proporcionam uma experiência visual e tátil agradável.

No marketing, a observação sensorial é basilar para criar campanhas eficazes. Uma campanha bem-sucedida é aquela que captura a atenção das pessoas, e isso só é possível quando entendemos o que de fato atrai o público. Pela observação, identificamos como prender a atenção e gerar impacto positivo, resultando em campanhas que conseguem engajar e cativar a audiência.

Garantir que nossos produtos envolvam os cinco sentidos é uma prioridade. Desenvolvemos produtos com cheiros que encantam, texturas que agradam ao toque e designs visuais que atraem. Além disso, buscamos criar uma experiência sensorial completa que comunica emoções e sensações positivas, tornando a interação com o produto memorável.

Na liderança, a observação sensorial é igualmente importante. Colaboradores são essenciais para o sucesso de qualquer empresa, e reconhecer seus gestos e comportamentos não verbais pode revelar muito sobre suas necessidades e talentos. Na Ybera Paris, eu e Johnathan nos esforçamos para valorizar cada colaborador, identificando suas forças e ajustando suas funções para melhor desempenho. Mantemos uma comunicação aberta e acessível, ouvindo e acertando nossa abordagem com base nas observações feitas. Isso ajuda a construir uma equipe motivada e alinhada com os objetivos da empresa.

A observação sensorial não é apenas uma ferramenta de inovação: é um caminho para conectar-se profundamente – com clientes, produtos ou colaboradores. Esse enfoque nos permite criar soluções que constroem uma base sólida de lealdade e sucesso.

Como você já percebeu, para mim, o olhar atento e a observação minuciosa são a base da criatividade e da inovação, além de uma ferramenta fundamental para o sucesso empresarial. Quero

Observação sensorial

compartilhar com você, de maneira prática, como exercitar a observação sensorial no dia a dia e transformá-la em ideias lucrativas para a sua empresa:

1. Uma observação aguçada revela oportunidades ocultas no mercado, permitindo que você enxergue além do óbvio.

2. Veja-se como um cientista: observar, questionar e experimentar são recursos essenciais para manter seu olhar afiado e curioso.

3. Não tenha pressa ao observar as necessidades não expressas do cliente. Somente assim você conseguirá decodificar o comportamento do seu público-alvo.

4. Identificar tendências é uma arte que pode ser aprendida. Dedique-se a estudar e se aprofundar no seu mercado de atuação.

5. Aprender com a concorrência é uma chave importante. Esteja atento para adaptar e superar.

6. Enxergue o mundo como um ambiente de constante aprendizado. Esteja sempre curioso e aberto para absorver novidades e diferenças. No meu caso, estudo biomimética há anos, e esse aprendizado faz muita diferença no dia a dia da Ybera Paris.

7. Lembre-se de que as pessoas nem sempre conseguem verbalizar o que querem ou gostam. Observar a linguagem corporal e os sinais não verbais é essencial.

8. Mantenha-se antenado ao seu mercado. Dessa forma, você conseguirá visualizar um quadro amplo, tanto no micro quanto no macro, do que está acontecendo.

9. Esteja aberto a aprender e se inspirar em outros mercados, mesmo que sejam diferentes do seu.

10. Conecte-se com empatia aos seus clientes e à sua equipe.

A IMPORTÂNCIA DA OBSERVAÇÃO SENSORIAL PARA A LUCRATIVIDADE

Aplicar a observação sensorial criativa para gerar um faturamento maior é, essencialmente, uma estratégia de diferenciação e personalização que pode aumentar o valor percebido pelos clientes. Além disso, praticar observação sensorial criativa não apenas ajuda a entender melhor o público-alvo, mas também gera novas formas de agregar valor e aumentar a receita da empresa, tanto por meio de preços premium quanto pela maior fidelização e retenção de clientes. Veja alguns exemplos:

1. Experiência de compra personalizada: o método sensorial criativo envolve criar uma experiência completa que engaja emocionalmente o cliente, tornando-o mais inclinado a pagar um preço premium. Ambientes multissensoriais, virtuais ou físicos, aumentam o desejo e a percepção de valor dos produtos, resultando em maior conversão e compras após uma experiência memorável.

2. Fidelização por meio do encantamento sensorial: a marca cria experiências sensoriais únicas, com fragrâncias e texturas exclusivas, deixando uma impressão duradoura. Isso aumenta o retorno e a recomendação dos clientes. A fidelização emocional é mais poderosa que a baseada em preço, porque garante compras repetidas e lealdade sem depender de descontos.

3. Aumento de ticket médio por diferenciação de produto: produtos que despertam os sentidos são percebidos como mais sofisticados, justificando um preço mais alto e aumentando o ticket médio. Em vez de vender apenas a função, você vende a sensação, permitindo uma margem de lucro maior.

4. Antecipação de tendências de consumo: a observação cuidadosa das reações dos clientes permite à empresa identificar novas tendências antes dos concorrentes. Ao antecipar preferências, como texturas ou cores, a empresa pode lançar produtos no momento ideal, garantindo liderança de

mercado. Isso possibilita cobrar preços premium e atrair os primeiros adotantes, impulsionando as vendas.

5. Aumento do valor da marca: ao focar experiências senso-riais, a marca cria uma conexão emocional única e difícil de replicar. Isso gera defensores leais que pagam mais pela exclusividade. Exemplos como Apple e Starbucks mostram que essa abordagem aumenta o valor da marca, as margens de lucro e facilita a venda de produtos relacionados.

CAPÍTULO 5

CRIATIVIDADE: A CHAVE PARA INOVAR E ANTECIPAR TENDÊNCIAS

A criatividade é um dos pilares da minha vida. Sem criatividade, não tem negócio, não tem amor, não tem família, não tem nada. Acredito que é a criatividade que faz a gente vibrar, nos fazendo ter ideias e pensar coisas inovadoras. Eu gosto muito de uma frase: "O futuro pertence àqueles que enxergam as possibilidades antes que elas se tornem óbvias".[10] Então, um dos meus maiores objetivos, enquanto empreendedora, é enxergar essas possibilidades e criar produtos incríveis antes dos concorrentes. Produtos que cuidem da dor das pessoas e cheguem ao mercado no timing certo.

Para mim, a criatividade surge quando os três pilares — espiritual, emocional e físico — estão em harmonia. Além disso, descansar, dormir bem e praticar exercício físico são movimentos importantes para se manter bem e criativo. É muito difícil ser criativo quando você está cansado e cuidando mal da sua rotina. É preciso ter uma rotina saudável. E, quando eu falo saudável, é de uma maneira mais ampla do que apenas com relação ao corpo. Você precisa se alimentar bem de corpo e alma. Isso significa que, além de cuidar dos alimentos que ingere, é fundamental também que você cuide de como alimenta seus olhos, ouvidos, nariz. Sem esse cuidado, é possível destruir sua criatividade.

---

10 LEVITT, T. **The marketing imagination**. Nova Iorque: Free Press, 1986. Tradução livre do original: *The future belongs to those who see possibilities before they become obvious* [...]. p. 22.

Minha sugestão é sempre pensar na harmonia, no equilíbrio e na vida saudável. Depois, você precisa estar atento e observar, a fim de conseguir enxergar possibilidades, ideias, conceitos. A criatividade está muito ligada ao seu estilo de vida e à sua abertura em relação ao mundo e à vida. Para ser criativo, você tem que escutar o que as pessoas dizem e o que querem, o que desejam, do que têm medo. Para isso, coloque-se de fato no lugar do outro, para entender a dor dele.

Uma pessoa criativa, para mim, é aquela que tem capacidade de se colocar no lugar do outro e ouvir. É desse lugar que surgem as emoções, e dentro das emoções está a criatividade. Eu aplico isso no meu dia a dia: colocar-se no lugar das pessoas é entender as dores e pensar formas de solucionar aquela dor. Pessoas criativas têm o dom de ouvir, estão atentas ao que o outro está falando. Faço isso o tempo todo: escuto e, a partir disso, crio um quadro mental da situação. Se você se coloca no lugar do outro em qualquer situação – positiva ou negativa –, consegue fazer um quadro mental, criando um cenário daquilo que está sendo falado. E a emoção pode ser o gatilho da necessidade.

Você pode me perguntar: "Precisa nascer criativo?". Óbvio que não. É algo que podemos desenvolver ao longo da vida. Eu acredito que a criatividade é algo natural da minha personalidade, mas eu também sei que ela foi sendo aguçada ao longo do tempo. É igual ao amor: todos nós sentimos. Nós nascemos com amor e somos feitos à imagem e semelhança de Deus. Então, todos nós sentimos amor e sabemos amar. Mas por que algumas pessoas são mais amorosas que outras? Isso depende de cada personalidade e também da forma como se exercita essa característica no dia a dia. Ser amoroso, demonstrando amor ao próximo e em tudo o que se faz é uma escolha que você pode fazer no seu dia a dia. É importante treinar, praticar, desenvolver isso cotidianamente.

Nesse contexto, algo que considero fundamental é ter uma rotina de exercício físico. Eu nunca fui uma superfã, confesso. Mas tenho sido bastante disciplinada nos últimos anos. Vou à academia cinco dias por semana e vou feliz, porque o exercício físico também me ajuda a desenvolver a criatividade! Primeiro, porque ele tira a gente da inércia e da estagnação, tanto na vida pessoal quanto profissional. Sua importância vai muito além dos benefícios físicos evidentes, estendendo-se a aspectos mentais, emocionais e até mesmo criativos, essenciais para o sucesso e o crescimento contínuo.

E são inúmeras as vantagens! A atividade física regular aumenta os níveis de energia e vitalidade, o que é determinante para combater a letargia e a procrastinação que frequentemente acompanham a estagnação. Com mais energia, você poderá enfrentar os desafios com maior vigor e entusiasmo, sendo produtivo por períodos mais longos.

O exercício libera endorfinas, os chamados "hormônios do bem-estar", que melhoram o humor e reduzem o estresse. Essa mudança química no cérebro pode ser transformadora, ajudando a quebrar padrões negativos de pensamento que muitas vezes sustentam a estagnação. Um estado mental mais positivo promove a resiliência e a disposição para enfrentar novos desafios. Além disso, a atividade física regular melhora significativamente a qualidade do sono. Um sono reparador é essencial para a clareza mental, com tomada de decisões eficaz e criatividade – todos elementos críticos para superar a estagnação e impulsionar o crescimento nos negócios.

Criatividade

O exercício também serve como uma poderosa ferramenta para o gerenciamento do estresse. O estresse crônico pode ser paralisante, levando à estagnação por meio da indecisão e do medo. A atividade física oferece uma válvula de escape para esse estresse, permitindo uma abordagem mais clara e focada nos desafios profissionais.

Além disso, o exercício físico pode estimular a criatividade e a resolução de problemas. Muitas pessoas relatam ter suas melhores ideias durante ou logo após a prática de exercícios. Esse fenômeno pode ser explicado pelo aumento do fluxo sanguíneo para o cérebro e pela mudança de ambiente e perspectiva que a atividade física proporciona. A prática regular de exercícios também desenvolve disciplina e persistência – qualidades essenciais para superar a estagnação. Ao estabelecer e cultivar uma rotina de exercícios, você vai fortalecer sua capacidade de definir metas e persegui-las com consistência, habilidades que se traduzem diretamente para o ambiente de negócios.

Por fim, a atividade física regular promove uma sensação geral de bem-estar e autoconfiança. Quando você se sente bem fisicamente, tende a ter uma atitude mais positiva e proativa em relação aos desafios. Essa confiança renovada pode ser o catalisador necessário para optar por riscos calculados e buscar novas oportunidades de crescimento.

Incorporar o exercício físico na rotina não é apenas uma questão de saúde, mas uma estratégia poderosa para combater a estagnação e promover o crescimento pessoal e profissional. Para você, que busca superar metas e alcançar novos níveis de sucesso, a atividade física regular pode ser a chave para desbloquear seu potencial pleno. Veja quantas coisas maravilhosas você pode conquistar com uma rotina de exercício físico! Então, bora para a academia!

Resumindo, a criatividade é uma prática que podemos aguçar e desenvolver ao longo da vida, algo absolutamente fundamental para a jornada do empreender.

Recapitulando, lembre-se:

- **OBSERVE TUDO E TODOS:** as pessoas e a natureza. Preste atenção e esteja atento a tudo o que acontece ao seu redor. Esteja aberto para se emocionar.
- **COLOQUE-SE NO LUGAR DAS PESSOAS** e você entenderá as dores delas – se você souber mais sobre as dores, poderá pensar soluções.
- **TENHA UMA VIDA SAUDÁVEL:** pense nos alimentos benéficos para o corpo e para a alma. Alimente sua boca, seus olhos, seu nariz e seu ouvidos com ideias e comidas saudáveis.
- **MOVIMENTE-SE:** abra espaço para o exercício físico na sua rotina.

● ● ●

A criatividade é o combustível que impulsiona o sucesso no mundo dos negócios. Em um mercado cada vez mais competitivo e em constante evolução, se você consegue pensar fora da caixa e criar soluções inovadoras, vai se destacar e prosperar. A capacidade de ver oportunidades onde outros veem obstáculos, de transformar problemas em possibilidades e de imaginar novas maneiras de fazer as coisas é o que vai separar você daqueles que ficarão para trás.

A criatividade não é apenas um dom inato, mas uma habilidade que pode ser cultivada e aprimorada com prática e dedicação. Ao abraçar sua criatividade, você abre as portas para um mundo de possibilidades infinitas no empreendedorismo. Você se torna capaz de criar produtos e serviços únicos que atendam às necessidades não satisfeitas das pessoas, de desenvolver estratégias de marketing inovadoras que capturam a atenção do público-alvo e de encontrar soluções criativas para os desafios que inevitavelmente surgirão em sua jornada empreendedora.

A criatividade também ajuda você a se adaptar rapidamente às mudanças do mercado, permitindo pivotar seu negócio quando necessário e mantendo-o à frente da concorrência. Além disso, uma mentalidade criativa o incentiva a assumir riscos calculados e a experimentar novas abordagens, elementos essenciais para o crescimento e a inovação nos negócios. Ao cultivar sua criatividade, você não apenas se torna mais competitivo, mas também encontra mais satisfação e realização em seu trabalho. Você se torna um solucionador de problemas, um visionário e um líder inspirador, capaz de motivar sua equipe e atrair parceiros e investidores que compartilham sua visão ousada. Portanto, não subestime o poder da criatividade em sua jornada empreendedora. Abrace-a, nutra-a e deixe-a guiar você rumo ao sucesso e à realização de seus sonhos mais ambiciosos.

Aqui estão algumas estratégias que sigo para estimular a criatividade no meu trabalho:

- **OBSERVAÇÃO E ANÁLISE DE MERCADO.** Esteja sempre de olho no comportamento dos consumidores e em como suas necessidades e preferências evoluem. Isso significa analisar dados de vendas, fazer pesquisas e ficar de olho nas redes sociais para identificar padrões emergentes.

- **ESTUDO DE SETORES INOVADORES.** Setores como tecnologia, moda e entretenimento estão sempre à frente das tendências. Acompanhar o que está acontecendo nesses setores ajudará você a ver como essas tendências podem se espalhar para outras áreas.
- **ENTENDIMENTO DAS MACROFORÇAS.** Mudanças demográficas, avanços tecnológicos e preocupações ambientais afetam as tendências do mercado. Compreender essas forças vai ajudar você a se antecipar a mudanças e se adaptar a elas.
- **INSPIRAÇÃO NA BIOMIMÉTICA.** Utilize a biomimética, que é a ideia de buscar soluções baseadas na natureza. Observar como a natureza resolve problemas vai ajudar você a criar soluções inovadoras e eficazes.
- **CONEXÃO COM O PÚBLICO-ALVO.** Mantenha um diálogo constante com seus clientes. Faça isso por meio de pesquisas, grupos focais e interações nas redes sociais. Isso vai ajudar você a entender o que eles realmente querem e do que precisam.
- **NETWORKING E COLABORAÇÃO.** Participe de eventos, conferências e workshops de inovação. É uma ótima maneira de trocar ideias e obter novas perspectivas. Conversar com outros profissionais da indústria pode abrir portas para insights valiosos.
- **PROTOTIPAGEM E TESTES RÁPIDOS.** Desenvolva protótipos de novos produtos e teste-os com um grupo seleto de clientes. O feedback rápido vai ajudar você a ajustar e melhorar antes de lançar algo no mercado.
- **CULTURA DE INOVAÇÃO NA EMPRESA.** Dentro da equipe, incentive um ambiente onde todos se sintam livres para

explorar novas ideias. Muitas vezes, isso resulta em inovações que de fato antecipam tendências.

- **ANÁLISE DE STARTUPS.** Fique de olho no que as startups estão fazendo. Elas frequentemente exploram novas ideias que podem se tornar grandes tendências.
- **UTILIZAÇÃO DE FERRAMENTAS DE ANÁLISE DE DADOS.** Utilize ferramentas, como inteligência artificial, para analisar dados e detectar padrões de comportamento que não são visíveis num primeiro momento.

Vou compartilhar com você algumas histórias de produtos da Ybera Paris que se destacaram na nossa trajetória, mostrando como aplicamos essas estratégias na prática. Cada uma dessas histórias ilustra como a criatividade e a inovação nos ajudaram a alcançar o sucesso.

CREME DE QUÊ?

O "Creme de quê?" é um dos nossos produtos mais inovadores e criativos. Na verdade, ele não é um creme, mas um aditivo lipossomado que transforma qualquer tipo de alimento em um creme para o cabelo. Quando o cliente recebe o produto em casa, o processo é muito simples: basta misturar o aditivo com a fruta de sua escolha, como laranja, mamão ou banana. Isso permite criar um tratamento capilar personalizado e divertido, adaptado ao gosto do cliente.

A ideia surgiu da tradição das receitas caseiras que nossas avós usavam, mas com um toque moderno e tecnológico. Em vez de utilizar ingredientes tradicionais, desenvolvemos um aditivo 100%

natural e orgânico que transforma qualquer fruta em um creme para o cabelo.

No laboratório, passamos meses aperfeiçoando a fórmula para garantir sua eficácia. Um dos desafios foi encontrar uma maneira de fazer com que as moléculas grandes dos alimentos fossem quebradas em partículas menores. Isso é decisivo, porque apenas moléculas menores podem ser absorvidas pelo cabelo de maneira mais eficaz. Criamos uma técnica que quebra essas moléculas em micropartículas e as liga ao cabelo, permitindo que os nutrientes sejam absorvidos de forma mais eficiente.

Além de garantir um tratamento eficaz, o "Creme de quê?" permite que você escolha o aroma que ficará no seu cabelo, já que a fórmula intensifica o cheiro da fruta. Para mim, esse produto é um exemplo brilhante de como a criatividade pode transformar um conceito tradicional em uma solução inovadora e prática.

GENOMA

O Genoma é um produto que eu gosto muito e do qual tenho muito orgulho! Para mim, ele é um produto superinovador na categoria de tratamentos capilares. Como tudo começou? Estávamos observando, já há algum tempo, que existia uma necessidade entre as pessoas que descolorem o cabelo com pó descolorante. O descolorante, feito com água oxigenada, corrói os aminoácidos capilares, que são essenciais para formar a proteína do cabelo – a queratina. São necessários 22 aminoácidos para criar a queratina. Quando o cliente aplica química no cabelo, essa química degrada a queratina, corroendo os aminoácidos e enfraquecendo a estrutura do cabelo, que fica mais fino e propenso à quebra.

Pense em uma mexerica. Para comer a mexerica, você tira a casca e separa os gomos. O processo de descoloração é semelhante, removendo aminoácidos da estrutura do cabelo.

As pessoas compram produtos que prometem repor aminoácidos ou outros componentes, mas como saber quais aminoácidos específicos o cabelo perdeu? Não é possível identificar com precisão. Pensando nisso, desenvolvemos um produto que replica a composição original do cabelo e reconstrói as ligações entre os elementos, fazendo com que eles se conectem novamente.

Quer um exemplo? Sabemos que a hidratação é essencial para o cabelo. A água é composta por moléculas de hidrogênio e oxigênio. Se o cabelo está degradado, ele não consegue manter a água. O Genoma oferece não apenas a molécula de água, mas também as ligações necessárias para que o fio retenha essa umidade. Nosso produto tem a "memória" da estrutura capilar inteira e realiza uma espécie de transfusão capilar, restaurando e complementando o cabelo danificado, para que se torne inteiro novamente.

Chamamos esse produto de Genoma porque ele resgata o cabelo em sua origem e plenitude. Independentemente da química que você fez ou dos aminoácidos que você perdeu, o Genoma recupera a composição natural do cabelo, restaurando a estrutura do fio. É um produto maravilhoso e único no mercado, que se destaca em muitos países!

BOTULÍNICA CAPILAR

Outro produto que surgiu de nossa observação e criatividade foi a linha Botulínica. Quando a toxina botulínica facial começou a ganhar popularidade, pensamos: "E se criássemos uma fórmula com um ativo semelhante que pudesse oferecer o mesmo rejuvenescimento para o cabelo?". Assim nasceu a linha Botulínica, lançada em 2000, que se tornou um divisor de águas na trajetória da Ybera Paris. O sucesso foi tão grande, que levou a empresa para o mercado internacional, exportando para doze países. A ideia era simples: se as pessoas estavam amando a toxina botulínica no rosto, por que não oferecer essa mesma experiência para os cabelos?

Após quase dois anos de estudos e testes em nossos laboratórios, desenvolvemos o Botulínica, um tratamento que utiliza toxina botulínica vegetal para prevenir o envelhecimento capilar. Mesmo sendo uma célula morta, o cabelo envelhece devido a alguns fatores, como uso de produtos químicos, poluição, água do banho e sol. Para se ter uma ideia, um cabelo de 40 centímetros tem cerca de três anos e meio e precisa de cuidados constantes para se manter bonito e jovem.

A toxina botulínica é uma bactéria, e aplicá-la diretamente no cabelo não seria eficaz, pois o cabelo não a absorve. Portanto, desenvolvemos um ativo inovador que combina a toxina botulínica vegetal com peptídeos botulínicos. Essa combinação resulta em um ativo que proporciona uma ação similar à toxina botulínica nos cabelos.

O resultado é um produto verdadeiramente único! O Botulínica iguala o cabelo da raiz às pontas e cria um efeito-memória. Com esse efeito, o cabelo "lembra" do seu estilo, permanecendo liso se você usar uma chapinha ou cacheado se você modelar os cachos. É uma inovação que transformou o conceito de rejuvenescimento capilar.

Infelizmente, o sucesso desse conceito atraiu muitos imitadores, que lançaram produtos sem a verdadeira ação da toxina botulínica, apenas para aproveitar a tendência. No entanto, o Botulínica continua a ser um dos nossos maiores sucessos, especialmente no mercado internacional.

QUARTA CAMADA

Você lembra da abertura da Copa do Mundo no Brasil, em 2014? Miguel Nicolelis,[11] um renomado neurocientista brasileiro, mostrou o potencial dos exoesqueletos robóticos quando um paciente paraplégico usou um desses dispositivos para dar o pontapé inicial do evento. Exoesqueletos são dispositivos mecânicos que auxiliam ou amplificam a capacidade física, podendo ser passivos, que oferecem suporte, ou ativos, que usam motores e sensores para melhorar o movimento.

De modo similar, nossa "Quarta Camada" utiliza exossomos, pequenas vesículas que transportam nutrientes e moléculas importantes entre as células. Assim como os exoesqueletos oferecem suporte físico, os exossomos criam uma camada protetora adicional sobre os fios de cabelo.

Essa camada não só protege os cabelos contra danos externos, mas também ajuda a fixar a cor e a tonalidade das colorações, mantendo-as vibrantes e duradouras. Portanto, enquanto os exoesqueletos ajudam a restaurar e ampliar a mobilidade, os exossomos na "Quarta Camada" proporcionam proteção e estabilidade para a cor dos cabelos, promovendo uma aparência saudável e duradoura.

---

11 JOVENS CIENTISTAS BRASIL. Um pequeno chute para o homem, mas um golaço para a humanidade: o exoesqueleto de Miguel Nicolelis. **Revista Exame**, 16 jun. 2024. https://exame.com/esg/um-pequeno-chute-para-o-homem-mas-um-golaco-para-a-humanidade-o-exoesqueleto-de-miguel-nicolelis/. Acesso em: 4 set. 2024.

DISCOVERY

O Discovery foi o primeiro realinhamento capilar natural baseado em células-tronco de maçã, utilizando um mecanismo de ação físico-químico inovador. A origem desse ativo é fascinante: um fazendeiro suíço cultivava uma variedade rara de maçã chamada Uttwiler Spätlauber. Ele notou que essas maçãs, uma vez colhidas, demoravam de sete a oito meses para apodrecer. Esse comportamento incomum despertou seu interesse, e ele levou amostras a um laboratório na Suíça para investigar.

Os pesquisadores descobriram que a durabilidade das maçãs se devia à sua alta acidez natural, que mantinha os benefícios internos da fruta vivos por mais tempo. Fascinada por essa descoberta e interessada em como a acidez poderia influenciar o cabelo, decidi testar o ativo em nosso laboratório. Apesar de ele ser conhecido principalmente por seus benefícios para a pele, a ideia era explorar o potencial da acidez para o realinhamento capilar.

Após dois anos de intensas pesquisas e testes, descobrimos que o ativo de maçã, quando combinado com o processo físico de secador e chapinha, oferecia um realinhamento capilar extraordinário. O resultado foi um produto revolucionário que proporciona um alisamento suave e temporário, permitindo que o cabelo retorne ao seu estado natural com o tempo. Além disso, por ser totalmente natural, o Discovery pode ser usado com segurança por gestantes e crianças.

Nomeamos o produto Discovery devido à sua inovação e ao impacto significativo que trouxe para o mercado, oferecendo uma solução segura e eficaz para o realinhamento capilar. A descoberta

Criatividade 87

do Discovery foi verdadeiramente revolucionária, atendendo à necessidade de um alinhamento capilar seguro e natural.

Criatividade e diversão: entendendo a diferença

É comum que as pessoas confundam criatividade com diversão, principalmente porque os dois conceitos podem se sobrepor em algumas situações. A criatividade muitas vezes pode ser uma experiência prazerosa e divertida, e atividades criativas podem proporcionar um sentimento de diversão e realização. No entanto, a confusão ocorre porque a criatividade frequentemente envolve esforço e desafio, enquanto a diversão tem mais a ver com prazer e relaxamento.

A criatividade é a habilidade de gerar ideias novas e originais. Ela envolve o uso da imaginação para resolver problemas, criar soluções inovadoras ou desenvolver novos conceitos. Por exemplo, um designer que cria um produto com características únicas está usando sua criatividade para transformar uma ideia em realidade. Esse processo pode exigir pesquisa, planejamento e experimentação, e pode ser desafiador, exigindo muito esforço mental.

Por outro lado, a diversão é a sensação de prazer e entretenimento que sentimos ao participar de atividades agradáveis. Quando você vai a um parque de diversões ou assiste a um filme engraçado, está experimentando a diversão. Essas atividades são projetadas para proporcionar relaxamento e alegria, sem a necessidade de um esforço mental profundo ou uma resolução de problemas complexos.

Embora a criatividade possa ser uma experiência divertida — como quando um artista pinta uma obra enquanto se diverte no processo —, a diversão por si só não implica geração de novas ideias. A diferença fundamental é que a criatividade se refere à capacidade de criar e inovar, enquanto a diversão tem a ver com desfrutar o momento. Entender essas distinções pode ajudar a aplicar melhor a criatividade em contextos que exigem inovação e a buscar diversão em atividades que visam a entretenimento e relaxamento.

Como você pode perceber, eu acredito que a criatividade e a inovação são os segredos do sucesso. Vou compartilhar com você outras técnicas para desenvolver a criatividade, e você pode testá-las no seu dia a dia, aprimorá-las e verificar o que funciona melhor na sua rotina. A seguir, apresento algumas ideias que podem ser utilizadas para potencializar o processo criativo e gerar ideias inovadoras.[12]

- **BRAINSTORMING LIVRE.** Essa técnica envolve a geração de ideias sem qualquer tipo de crítica ou julgamento. O objetivo é permitir que todas as suas ideias fluam livremente, sem se preocupar com a viabilidade delas. Para isso, reserve um tempo específico e escreva tudo o que vem à mente sobre sua ideia ou seu projeto. Após a sessão, você pode revisar e selecionar as ideias mais promissoras.

---

12 SILVA, Filipe A. O que é: Brainstorming. **Filipe A. Silva,** 10 fev. 2024. Disponível em: https://conhecimento.filipeasilva.com/glossario/o-que-e-brainstorming/. Acesso em: 20 ago. 2024.

- **BRAINSTORMING EM GRUPO.** Reunir um grupo de pessoas para discutir ideias pode ser extremamente benéfico. Cada participante pode trazer uma perspectiva única, enriquecendo o processo criativo. É importante criar um ambiente seguro onde todos se sintam à vontade para compartilhar suas ideias. Um facilitador pode ajudar a guiar a discussão e garantir que todos tenham a chance de contribuir.
- **MAPAS MENTAIS.** Os mapas mentais são uma ferramenta visual que ajuda a organizar ideias de forma hierárquica. Comece com a ideia central e, a partir daí, desenhe ramificações para subtemas e ideias relacionadas. Essa técnica ajuda a visualizar conexões entre diferentes conceitos e pode inspirar novas ideias.
- **TÉCNICA SCAMPER.** Acrônimo de Substituir, Combinar, Adaptar, Modificar, Propor, Eliminar e Reorganizar, essa técnica incentiva a exploração de diferentes maneiras de abordar um problema ou ideia. Ao aplicar cada um desses verbos a um conceito central, você pode descobrir novas direções e insights.
- **PERGUNTAS PROVOCATIVAS.** Fazer perguntas provocativas pode ajudar a desafiar suposições e abrir novas direções criativas. Perguntas como "E se...?" ou "Como posso transformar isso em algo diferente?" podem levar a insights valiosos e novas ideias.

Essas técnicas de *brainstorming* podem ser combinadas e adaptadas conforme necessário, permitindo que você encontre a abordagem que mais faz sentido para o seu estilo criativo. Ao integrar essas práticas no seu processo, você poderá desenvolver novas ideias e conservar-se sempre ativo e em movimento, pois esse é o melhor caminho para a sua empresa crescer e ser bem-sucedida!

Como a criatividade pode gerar lucro para empreendedores de qualquer área

A criatividade é um dos ativos mais poderosos que um empreendedor pode possuir. Em qualquer setor, ser criativo possibilita a descoberta de novas formas de gerar receita, resolver desafios e criar experiências únicas para o público. Quando bem utilizada, a criatividade não apenas diferencia o seu negócio, mas também abre portas para novas oportunidades de crescimento e lucro. Veja como a ela pode ser transformada em sucesso financeiro, usando como exemplo os produtos da Ybera Paris:

1. Inovação de produtos: criar produtos inovadores que resolvem problemas reais dos consumidores é uma estratégia poderosa para se destacar da concorrência e agregar valor ao seu negócio. Ao lançar algo novo e diferente, você aumenta seu valor no mercado. Um exemplo inspirador na Ybera Paris é a linha Mirra, focada na cicatrização capilar — uma verdadeira inovação no setor. Essa linha atendeu a uma necessidade não suprida por outros produtos, permitindo sua comercialização com valor agregado.

2. Soluções criativas para problemas comuns: identificar as dores de seu público e propor soluções criativas faz com que seus produtos ou serviços sejam procurados e desejados, criando uma base de clientes fiéis. A Ybera Paris inovou ao lançar uma escova progressiva sem formol, que garante alisamento e segurança, atendendo à demanda crescente por produtos que não prejudicam a saúde capilar. Com essa

solução, a marca atingiu um público preocupado com a saúde, o que aumentou sua clientela e suas receitas.

3. Estratégias de marketing inovadoras: além de atender às demandas de seu público, agregar um diferencial transforma seus produtos ou serviços em escolhas desejadas, surpreendendo e fidelizando seus clientes. A Ybera Paris exemplificou isso ao lançar a Chocolizz, que, além de segura, inovou com o aroma de chocolate. Com essa inovação, a marca conquistou clientes preocupados com saúde, beleza e bem-estar, ampliando sua clientela e aumentando suas receitas.

4. Melhoria na experiência do cliente: criar uma experiência única para o cliente, seja no atendimento, no uso dos produtos ou na comunicação com a marca, fideliza e aumenta as chances de vendas repetidas. Clientes satisfeitos estão dispostos a pagar mais e se tornam promotores da sua marca. A Ybera Paris oferece suporte técnico exclusivo para cabeleireiros que utilizam seus produtos. Essa personalização e atenção aos detalhes criam uma experiência positiva, fazendo com que os profissionais escolham e voltem a comprar seus produtos.

5. Modelos de negócios criativos: inovar no modelo de negócios, explorando novos canais de vendas ou criando parcerias inesperadas, pode gerar novas fontes de receita e expandir o alcance da marca. A empresa adotou um modelo de venda direta ao consumidor por meio de uma loja on-line, abrindo um novo canal de vendas que permitiu à marca chegar diretamente às mãos do consumidor final, aumentando sua lucratividade.

6. Design e embalagens criativas: produtos com design inovador e embalagens atraentes chamam a atenção e justificam um preço mais elevado. A primeira impressão conta muito na decisão de compra, e uma apresentação criativa pode ser decisiva. A linha Mirra da Ybera Paris foi lançada com uma embalagem que reflete sofisticação e cuidado. O design diferenciado não só atraiu a atenção dos consumidores, como também justificou um posicionamento premium no mercado.

7. Adaptação rápida a tendências: citando novamente a Chocolizz, temos um exemplo de produto que se adaptou à tendência com sofisticação e ganhou destaque. A fragrância de chocolate, na época, era sucesso na linha cosmética para a pele, mas a Ybera uniu tendência e inovação, cruciais na decisão de compra e fidelização. A linha continua evoluindo e inovando, hoje conhecida como Fashion Gold. Essa adaptação rápida nos fez marcar a revolução da cosmética capilar brasileira, aumentando as receitas e o destaque no mercado.

8. Monetização de conteúdo educativo: compartilhar conhecimento de maneira criativa pode gerar novas fontes de receita. Criar conteúdo educacional, como tutoriais ou cursos, atrai clientes e aumenta a autoridade da marca. A Ybera Paris investe em tutoriais on-line e capacitação para cabeleireiros, mostrando como usar seus produtos corretamente. Esse conteúdo não só educa o público, como também impulsiona as vendas, pois quem aprende a usar, confia e compra.

Criatividade 93

CAPÍTULO 6

TALENTO: O CAMINHO PARA DESCOBRIR E UTILIZAR SUAS HABILIDADES ÚNICAS

Talento é um dos temas pelos quais sou apaixonada! Gosto muito de perceber os talentos em mim e nas pessoas ao meu redor. Acredito que, como empreendedor, você precisa ter um olhar aguçado para identificar talentos, pois eles são fundamentais na sua jornada. Mas, afinal, o que é talento? Para mim, talento é uma aptidão natural com a qual já nascemos. São habilidades que você tem desde criança, com uma facilidade maior para executar ou aprender as tarefas relacionadas a ele. Por exemplo, algumas pessoas têm mais facilidade para aprender línguas, instrumentos musicais ou ciências exatas. No período escolar, essas preferências podem ficar mais evidentes: há crianças que vão melhor em linguagens e outras que se destacam em matemática.

O talento ajuda você a ser mais habilidoso no que faz. É aquilo que você faz com maestria! Em alguns casos, o talento é tão forte, que você parece já nascer sabendo. Em outros, o talento facilita a curva de aprendizado. No meu caso, sempre fui muito talentosa para cuidar da beleza das pessoas. Comecei ajudando minha mãe e minhas tias nos salões de beleza delas e, com a prática, acabei tendo meu próprio salão antes de lançar a minha marca. Mas acredito que todos nós temos múltiplos talentos. Além de cuidar da beleza, por exemplo, eu também tenho talento para cantar, algo que gosto de fazer desde pequena. Outro talento meu é a organização da casa; gosto muito de organizar armários — é quase terapêutico para mim. Sou muito caprichosa nisso e sempre recebo elogios. Além disso, sou bastante criativa: tenho facilidade para pensar em soluções, estratégias e ideias inovadoras.

O talento, na verdade, é aquilo que você faz com tanto amor e paixão, que as pessoas percebem e reconhecem. Elas veem o carinho com que você realiza determinada atividade e a elogiam. **Acredito que todos nós nascemos com talentos, pois é assim que Deus nos fez. Ele não deu mais talentos a uns e menos a outros; distribuiu de maneira equitativa, pois cada ser humano é único, como uma impressão digital. Todos nós temos nossos talentos, habilidades nas quais somos naturalmente bons.**

Muitas vezes, quando falamos de talento, as pessoas pensam em aptidões artísticas, como música, artes plásticas ou moda. Mas isso é apenas uma parte. Os talentos são diversos e todos os seres humanos nascem com eles — mesmo que alguns possam parecer improváveis. Descobrir o talento ao longo da vida é uma de nossas grandes missões. Mas como fazemos isso?

A resposta, para mim, está na observação. Observar a si mesmo é essencial para se conhecer melhor e identificar seus talentos. Pergunte-se: em quais atividades você se destaca? O que faz com mais paixão? O que você gosta tanto de fazer, que até perde a noção do tempo? Essas perguntas ajudam na sua descoberta.

Outra forma de você identificar seu talento é ouvir o que os outros dizem. Muitas vezes as pessoas ao seu redor percebem seus talentos antes de você mesmo. Elas nos elogiam: "Como você canta bem!", "Você cozinha maravilhosamente!", "Você tem dom para lidar com animais!". Preste atenção a esses elogios e comentários despretensiosos.

Experimentar coisas novas também é uma forma interessante de perceber novos talentos. Não tenha medo de explorar novos mundos. A curiosidade é essencial para continuar "brincando" no mundo adulto. Não seja crítico demais consigo mesmo. Ao experimentar novas situações, você pode descobrir gostos e habilidades que nem sabia que tinha. Esse processo de observar, testar e experimentar também ajuda a identificar o que você não gosta ou não faz bem. O autoconhecimento é fundamental, e só assim você pode descobrir seu talento e ter confiança para exercê-lo.

Os talentos, além de diversos, também evoluem ao longo da vida. Uma pessoa pode descobrir um talento aos 40 anos ou desenvolver habilidades ao passar por desafios. E, embora alguns talentos sejam inatos, eles podem ser cultivados e aprimorados. Por exemplo, o talento para expressar carinho – como o de ajudar e apoiar os outros com empatia sincera – pode ser ainda mais valorizado e aperfeiçoado quando a pessoa aprende a demonstrá-lo de maneiras que de fato impactam os outros positivamente.

Vou compartilhar um pouco sobre como a criatividade e a capacidade de inovar são talentos que fazem parte da minha essência. Desde muito cedo, percebi que tinha um dom especial para pensar em coisas diferentes e inovadoras. Quando estou em um processo criativo, sinto uma energia fluindo em mim que me permite enxergar possibilidades onde muitos enxergariam obstáculos. Pensando em novos produtos, em soluções para problemas ou em formas de surpreender meus clientes, a criatividade sempre foi algo que fez parte de quem eu sou. Eu vejo o mundo de uma maneira que me permite conectar pontos que, à primeira vista, podem parecer desconectados, criando algo a partir dessas conexões. A criatividade, para mim, é uma fonte inesgotável de inspiração e força, e é um dos meus maiores talentos.

O TALENTO AJUDA VOCÊ A SER MAIS HABILIDOSO NO QUE FAZ. É AQUILO QUE VOCÊ FAZ COM MAESTRIA!

– Sauana Alves

Contudo, lembre-se de que ninguém é perfeito, e admito que tenho áreas nas quais preciso me esforçar mais. Por exemplo, a negociação é algo com que nunca tive facilidade. Quando estou em uma situação de negociação, sinto que saio da minha zona de conforto. Negociar não é algo natural para mim, e muitas vezes me sinto desconfortável ao tentar equilibrar interesses, defender minha posição ou até mesmo fechar um bom acordo. Esse tipo de atividade demanda habilidades que não fazem parte do meu talento nato como a criatividade faz. No entanto, não significa que eu simplesmente desisto ou deixo a negociação de lado. Eu sei que, como empreendedora, preciso desenvolver essa habilidade.

É aí que entra outro ponto: a importância de aprender e crescer. Negociar pode não ser algo que eu faço com facilidade, mas não significa que não posso melhorar. Eu tenho aprendido muito sobre negociação ao observar e interagir com pessoas que têm essa habilidade. Um exemplo claro disso é o Johnathan, alguém com talento natural para negociar, e eu aproveito cada oportunidade para aprender com ele. No nosso dia a dia, ao acompanhá-lo em reuniões e discussões, observo como ele lida com diferentes situações, como adapta suas estratégias e como consegue resultados excelentes. Aos poucos, ao absorver essas lições práticas, eu mesma venho desenvolvendo minhas habilidades de negociação. Embora ainda não seja minha praia, estou me tornando cada vez melhor nisso.

Essa experiência tem me mostrado algo fundamental: a vida é movimento. A vida nunca é estática, e você também não pode ser. Você precisa estar em constante movimento, sempre curioso e aberto para aprender coisas novas. O movimento, essa dinâmica contínua, é o que nos permite evoluir, crescer e, principalmente,

Talento 99

não estagnar. Quando você se acomoda ou para de buscar conhecimento, sua evolução também para. E, em um mundo em constante transformação, estagnar significa ficar para trás. Isso vale para qualquer área da vida, mas é especialmente verdadeiro no mundo dos negócios. Estar sempre aprendendo, sempre em busca de melhorar e de se aperfeiçoar é a chave para o sucesso. O movimento permite que você se adapte às mudanças, prepare-se para os desafios e, acima de tudo, mantenha-se relevante em um mercado cada vez mais competitivo.

É importante entender que ter talento não significa que tudo estará sempre pronto ou perfeito. O talento pode lhe dar uma vantagem inicial, pode fazer com que certas atividades pareçam mais fáceis para você do que para outras pessoas, mas não significa que não é preciso se esforçar para aprimorá-lo. O talento é como uma semente; ele precisa ser cultivado, alimentado e desenvolvido ao longo do tempo. A jornada de aprimoramento não é algo que acontece da noite para o dia. Ela exige dedicação, prática e, acima de tudo, mentalidade de aprendizado contínuo.

Eu, por exemplo, sempre tive talento para cuidar da beleza das pessoas, especialmente em relação ao cuidado com os cabelos. Desde muito jovem, percebi que tinha facilidade para entender o que as pessoas queriam e do que precisavam em termos de beleza. No entanto, mesmo com esse talento natural, sabia que precisava me dedicar para me tornar melhor naquilo que fazia. Nunca me acomodei apenas com o que já sabia. Tornei-me autodidata, buscando sempre mais conhecimento, fazendo cursos especializados, estudando novas tendências, testando fórmulas e produtos inovadores. A cada congresso e feira de que participo, absorvo novas informações e trago isso para a prática no meu trabalho. Esse constante movimento – de que eu gosto tanto! – é o que me permite evoluir e oferecer o melhor para meus clientes.

Essa busca incansável pelo aprimoramento é o que diferencia os bons dos excelentes. É o que me permite criar produtos que realmente fazem a diferença na vida das pessoas. E, para isso, o aprendizado nunca pode parar. Estar sempre se movimentando, sempre aprendendo e sempre buscando maneiras de melhorar é uma filosofia que adotei tanto para minha vida pessoal quanto para meus negócios. Não há espaço para estagnação. Em um mercado competitivo como o de cosméticos, por exemplo, o que faz uma marca se destacar é essa capacidade de inovação e de entrega de valor contínua. E, para entregar o melhor, você precisa estar em constante movimento, se dedicando a aprender e a evoluir.

•••

Todo negócio nasce de um talento ou de uma paixão profunda. Quando você começa uma empresa, seja qual for o segmento – cosméticos, serviços, tecnologia ou qualquer outro –, precisa estar profundamente conectado com ele. O empreendedorismo é uma jornada cheia de desafios e obstáculos; sem essa paixão, sem esse talento como base, fica muito mais difícil enfrentar as adversidades do dia a dia.

O mais importante é que você é único. E essa singularidade é a chave para o seu sucesso. O que torna você diferente dos outros? Quais são as suas qualidades e os seus pontos fortes? Em vez de tentar ser igual a todo mundo, olhe para dentro de si e descubra o que o torna especial. O segredo da inovação e do sucesso é ser autêntico e verdadeiro consigo mesmo.

Talento

Seu produto, seu serviço, aquilo que você oferece ao mercado deve ser uma extensão da sua personalidade. Deve refletir quem você é, suas crenças, seus valores e, claro, seu talento. Ao criar algo, essa criação deve carregar sua essência. É essa autenticidade que vai diferenciar você dos concorrentes. Quando seu produto carrega a sua identidade, ele se torna único, e é isso que atrai os clientes. As pessoas não compram apenas um produto; elas compram a história por trás dele, compram a paixão que você colocou em sua criação.

Por isso, depois que identificar seus talentos, entenda qual deles está dentro dos seus ideais e valores. Quando eu digo que as pessoas se apaixonam pela Ybera Paris e algumas até tatuam o Y no próprio corpo, por exemplo, é porque essa paixão foi transmitida pela empresa e sentida por essas pessoas. A marca ou a empresa reflete a personalidade do seu idealizador, de quem a criou. Pode ser que, com o passar dos anos, isso mude, pois a marca vai criando uma identidade própria, crescendo, e os idealizadores ficam mais distantes. Mas, no começo, os clientes se fidelizam ao se apaixonarem por quem a criou.

Tudo começa com uma paixão. Quando você está apaixonado pelo que faz, isso transparece em cada detalhe. E essa paixão é contagiante. Você precisa criar um produto que, em primeiro lugar, faça com que você se apaixone por ele. Se você não está apaixonado pelo que criou, como pode esperar que outras pessoas se apaixonem? **O amor pelo seu trabalho, pelo seu produto é o que impulsiona você a se esforçar cada vez mais para aperfeiçoá-lo. No final das contas, o sucesso de um negócio está diretamente ligado a quanto você acredita nele e a quanto está disposto a se dedicar para torná-lo incrível.** O empreendedorismo é uma jornada intensa. Quando você está apaixonado pelo que faz, essa jornada se torna uma aventura gratificante e inspiradora.

Eu acredito que amar profundamente o que você faz é essencial para inspirar outras pessoas a amarem também. Seu negócio é sua criação. Se você está genuinamente apaixonado, essa paixão se torna visível para o mundo. Essa é a essência do sucesso – é aquilo que impulsiona você e atrai as pessoas para aquilo que você oferece.

Apesar da paixão inicial e da impulsão, mantenha os pés no chão, avançando com calma e consistência. Não tente fazer tudo de uma vez ou acelerar o processo de forma precipitada. Com base na minha experiência de mais de vinte anos, sei que a paciência e a persistência são essenciais.

Os resultados podem demorar a aparecer. Mesmo que você faça tudo corretamente, pode não ocorrer como planejado. É importante incorporar essa possibilidade no seu planejamento e estar preparado para respirar e manter a calma se as coisas não saírem conforme o esperado. Não desanime se o produto ou serviço que você desenvolveu não alcançar o sucesso imediato que imaginou. O planejamento cuidadoso e a perseverança são fundamentais para alcançar seus objetivos em longo prazo.

Na Ybera Paris, por exemplo, lançamos um produto chamado Óleo de Mirra. A mirra é uma planta mencionada na Bíblia e é um dos óleos mais antigos do mundo, tradicionalmente usado no cuidado da beleza feminina. O Óleo de Mirra tem uma fórmula excelente para a recuperação de fios ressecados. Apesar de ser um produto incrível, demorou a decolar. Mesmo após todo o trabalho realizado – desde o desenvolvimento da fórmula até pesquisa, lançamento, divulgação e distribuição – as vendas demoraram a aparecer. Persistimos porque estávamos confiantes de que seguimos todos os passos corretamente. Depois de dois anos, o produto começou a ter sucesso e hoje é um dos nossos mais vendidos, tanto no Brasil quanto no exterior.

Descobrir e valorizar seus talentos é uma jornada que não termina. Além de reconhecer e aprimorar suas habilidades, é preciso saber como transformar sua criatividade em oportunidades reais, em dinheiro. Uma forma poderosa de fazer isso é **NUNCA JOGAR UMA IDEIA FORA**. Cada ideia, por mais simples que pareça, tem o potencial de se transformar em algo significativo.

A criatividade é um talento que você pode cultivar e aplicar de diversas maneiras. No meu caso, a paixão por cuidar da beleza das pessoas se tornou a base para a criação da minha própria marca de cosméticos. No entanto, também é importante que você esteja atento às ideias que surgem ao longo do caminho. Muitas vezes uma ideia pode parecer pequena ou não ter relevância imediata, mas, com tempo e experimentação, ela pode se revelar uma solução inovadora ou um diferencial competitivo.

A ideia de explorar novas formas de apresentar meus produtos ou de integrar elementos que melhoram a experiência do meu cliente, por exemplo, pode parecer apenas uma ideia no início, mas, quando aplicada com criatividade e dedicação, tende a gerar resultados surpreendentes. Transformar criatividade em dinheiro é, em muitos casos, uma questão de se manter aberto às possibilidades, testar novas abordagens e não descartar ideias antes de explorá-las completamente.

Portanto, ao identificar e desenvolver seus talentos, lembre-se de que eles são uma ferramenta poderosa. Não tenha medo de experimentar e transformar suas ideias em soluções práticas.

O movimento contínuo e a capacidade de adaptar e aplicar suas habilidades de maneira inovadora são essenciais para alcançar o sucesso.

CRENÇAS LIMITANTES

É importante entender que o talento pode ficar oculto ou abafado por crenças limitantes, com potencial de colocar em risco seus sonhos. As crenças limitantes são pensamentos ou opiniões negativas que você internaliza ao longo da vida, muitas vezes inconscientemente. Elas podem ser boas ou ruins e se formam a partir de experiências, influências familiares, sociais e culturais. Com o tempo, essas crenças se tornam verdades absolutas na sua mente, limitando seu potencial e abafando talentos ou habilidades. Frases como "Não sou bom o suficiente" ou "Nunca serei feliz" podem impedir você de buscar seus objetivos e sonhos.

Essas crenças surgem em diversas áreas da vida, como relacionamentos, carreira e saúde. Uma pessoa pode acreditar que "não merece ser promovida" ou que "nunca conseguirá aprender uma nova habilidade". Esse tipo de pensamento cria um ciclo de autossabotagem, pois você pode desistir de tentar ou pode se sentir incapaz de progredir, mesmo quando surgem oportunidades.

As crenças limitantes não apenas restringem o seu potencial, mas também podem ocultar seus talentos naturais. Você pode acreditar que certas características ou habilidades não são importantes ou que não é bom o suficiente em determinadas áreas simplesmente porque não teve a oportunidade de explorá-las ou porque alguém disse que você não era capaz.

Talento 105

No meu caso, enfrentei dificuldades com matemática e tinha a crença limitante de que não tinha capacidade nessa área. No entanto, ao identificar essa crença, consigo me manter mais consciente e não me deixar abalar. Quando encontro desafios em matemática, respiro fundo, fecho os olhos e digo para mim mesma: "Sauana, você consegue resolver isso!". Com essa mentalidade, consigo superar as dificuldades.

Identificar e superar crenças limitantes é fundamental para o seu crescimento. O primeiro passo é reconhecer essas crenças e refletir sobre como elas impactam suas decisões e comportamentos. Técnicas de autoconhecimento podem ajudar você a reprogramar a sua mente, permitindo que se liberte dessas limitações e alcance seu verdadeiro potencial.

A transformação não acontece da noite para o dia; é um processo que exige paciência e dedicação. No entanto, é um desenvolvimento essencial, sobretudo para quem é empreendedor. Minimizar o impacto das crenças limitantes é o caminho para uma vida mais plena e bem-sucedida.

O TALENTO DENTRO DA SUA EMPRESA

Na Ybera Paris, por exemplo, investimos no departamento de recursos humanos para nos ajudar a identificar os talentos dos funcionários e os nossos. Ter um colaborador no lugar errado é como ter um jogador na posição errada no time de futebol. Se o técnico colocar o jogador que é atacante na defesa, ele não vai conseguir dar o que tem de melhor. E lembre-se: a gente precisa dar o nosso melhor, sempre e cada vez mais. Fica a sensação de que o jogador não é bom, mas não é isso. Falta observação e competência do técnico para entender que seu jogador está na posição errada ou em uma posição em que ele não é tão bom quanto pode ser.

Afirmo uma coisa: uma das maiores forças que você pode ter como empreendedor é perceber os talentos naturais das pessoas ao seu redor. Sabe aquela pessoa da sua equipe que é sempre atenciosa, que se preocupa com o bem-estar dos outros e está sempre pronta para ajudar? Pois é, esse tipo de atitude revela um talento que muitas vezes passa despercebido.

Pessoas assim têm um dom incrível para criar relacionamentos sólidos e manter um clima positivo no ambiente de trabalho. E, honestamente, isso é ouro puro em qualquer negócio. Se você conseguir identificar esse talento e aproveitá-lo da forma certa, colocando essa pessoa em uma posição de liderança, no atendimento ao cliente ou na gestão de pessoas, o impacto vai ser enorme. Acredite: o ambiente de trabalho vai ser mais harmonioso e o seu negócio vai crescer com essa base de confiança e cuidado.

O que eu sempre digo é: fique de olho nos detalhes. Um talento de empatia e cuidado pode ser exatamente o que falta para o seu negócio dar aquele próximo passo com mais solidez. Reconheça, valorize e, se puder, invista nesse talento. Acredite: o retorno vem.

Para identificar esses talentos e ter um ótimo aproveitamento dentro da sua empresa, organizei um passo a passo com dicas e sugestões:

1. **OBSERVAÇÃO NO DIA A DIA:** observe como a pessoa age em diferentes situações. Ela assume a liderança quando necessário? Demonstra empatia? É analítica e focada em detalhes? Perceber como ela responde ao estresse, lida com

Talento 107

problemas e interage com colegas pode revelar muito sobre os talentos dela.

2. **ENTREVISTAS E CONVERSAS:** faça muitas perguntas diretas. Para mim, perguntar é o começo de tudo. Pergunte sobre a preferências desse colaborador: O que ele gosta de fazer? Pergunte sobre momentos em que ele se sentiu mais realizado no trabalho ou sobre atividades que gosta de executar no dia a dia. Converse para entender como ele percebe as próprias habilidades. Pergunte sobre situações em que ele superou expectativas ou contribuiu de maneira especial para o sucesso de um projeto.

3. **AVALIAÇÃO DE COMPETÊNCIAS:** utilize ferramentas de avaliação de personalidade e competências. Esses testes ajudam a revelar inclinações naturais e áreas de talento. Realize testes de perfil comportamental para entender as preferências do colaborador em termos de trabalho, liderança, interação e execução de tarefas.

4. **MAPEAMENTO DE HABILIDADES:** identifique tanto as habilidades técnicas (*hard skills*) quanto as interpessoais (*soft skills*) do colaborador. As *hard skills* incluem conhecimentos específicos, como habilidades com ferramentas, *softwares* ou metodologias, enquanto as *soft skills* podem ser relacionadas a itens como comunicação, liderança ou capacidade de resolução de conflitos. Ao mapear essas habilidades, identifique os pontos fortes que podem ser explorados e as áreas nas quais o colaborador pode querer melhorar. Essa

combinação ajuda a entender em que ele pode contribuir melhor e como pode se desenvolver.

5. **ANÁLISE DE MOTIVAÇÃO E PAIXÃO:** avalie os interesses e paixões do colaborador. O que ele faz no tempo livre? Quais temas ou áreas pesquisa por conta própria? Isso pode revelar talentos ou campos em que o colaborador deseja se especializar. Descubra o que o motiva. Alguns são movidos por desafios, outros por colaboração ou criatividade. Compreender isso ajuda a posicionar essa pessoa melhor em funções ou projetos que realmente a inspirem.

6. **CRIAÇÃO DE PLANOS DE DESENVOLVIMENTO:** após identificar talentos, procure alinhar as responsabilidades e funções do colaborador de acordo com suas forças. Quando os colaboradores atuam em áreas que aproveitam seus talentos, tendem a ser mais eficazes e engajados. Para desenvolver ainda mais os talentos identificados, ofereça oportunidades de treinamento ou mentoria. Isso fortalece as capacidades das pessoas e mostra que a empresa valoriza o desenvolvimento.

7. **MONITORAMENTO CONTÍNUO E FEEDBACK:** realize revisões regulares para verificar se o colaborador está prosperando nas áreas em que seus talentos foram direcionados. Ajuste conforme necessário para garantir que ele continue evoluindo e contribuindo positivamente. Incentive um fluxo constante de feedback, tanto positivo quanto construtivo. Isso ajuda o colaborador a ajustar seu desempenho e a continuar aprimorando talentos.

Talento

Depois que a Ybera Paris começou a crescer, nós também passamos a investir mais em entender as pessoas, os talentos dos colaboradores e aprimorar nossa equipe. Por isso, também estudamos os perfis de talentos que existem dentro das empresas. Estudar mais a fundo esses perfis e começar a aplicá-los na Ybera Paris foi algo importante para o meu desenvolvimento como líder. Esses perfis são bastante conhecidos, mas é interessante trazê-los aqui, pois eles realmente norteiam meu pensamento como empreendedora:

1. **COMUNICADORES:** extrovertidos, sociáveis e com excelente habilidade de comunicação. São conhecidos por sua capacidade de criar e manter relacionamentos interpessoais e por serem influentes em suas interações, bem como por sua empatia, habilidade em resolver conflitos e capacidade de motivar e engajar equipes. O desafio é que podem ter dificuldade em seguir rotinas e cronogramas, além de serem propensos à vaidade e à busca por aceitação social.

2. **EXECUTORES:** orientados para resultados, focados em ação e com forte determinação. São líderes naturais que se destacam em ambientes que exigem decisões rápidas e assertivas. Apresentam capacidade de liderança, foco em objetivos e habilidade de delegar tarefas. O desafio é que podem ser vistos como autoritários e, às vezes, têm dificuldade em ouvir as opiniões dos outros.

3. **PLANEJADORES:** calmos, organizados e confiáveis. Valorizam a previsibilidade e a estabilidade, preferindo

ambientes estruturados. Têm habilidade em estabelecer metas e objetivos claros, além de serem excelentes em planejamento e organização. O desafio é que podem apresentar baixa inovação e dificuldade em lidar com mudanças inesperadas.

4. **ANALISTAS:** detalhistas, analíticos e com forte capacidade de raciocínio lógico. Preferem trabalhar com dados e informações, buscando sempre a precisão. Contam com muita atenção aos detalhes e capacidade de análise crítica e lógica. O desafio é que podem ser lentos na tomada de decisão e ter dificuldades em interações sociais, preferindo trabalhar sozinhos.

Esses perfis não são rígidos, mas nos ajudam a entender melhor nossos colaboradores e as pessoas com quem nos relacionamos. Na Ybera Paris, tudo o que fazemos é com pessoas e para pessoas; portanto, cuidamos bem delas, porque, como eu disse, as pessoas são a parte mais importante de todo o processo empresarial.

Talento 111

CAPÍTULO 7

PESQUISA: A BASE PARA VALIDAR SUAS IDEIAS

A pesquisa é uma das chaves mais importantes de uma empresa bem-sucedida e, principalmente, lucrativa. Ao lado da inovação e da criatividade, considero a pesquisa um dos pilares fundamentais para a construção de uma empresa saudável financeiramente, pois é ela que dará sustentação, confiança e credibilidade da marca para o público-alvo. A pesquisa constrói a consistência necessária para todo o seu negócio – tanto em questões internas, como estratégias de inovação e divulgação, como na criação dos produtos que chegam ao consumidor final.

A pesquisa permeia muitas etapas importantes de todo o processo na Ybera Paris e eu quero contar a você sobre isso de forma detalhada, para você entender a importância da pesquisa no dia a dia e poder aplicá-la no seu negócio ou na sua rotina.

O ideal é haver vários tipos de pesquisa simultâneos na sua empresa em diferentes etapas do processo. Dessa forma, você terá segurança para a tomada de decisão e conseguirá ser lucrativo no processo não somente porque a pesquisa gera dinheiro, mas porque boas pesquisas evitam que se perca dinheiro com maus investimentos ou com tomadas de decisões ruins – e, convenhamos, não perder dinheiro é algo muito importante também, não é mesmo?

Há pesquisas que são padrão no mercado de beleza. Mas, na Ybera Paris, fazemos algumas coisas diferentes que nos permitem ser mais assertivos e termos respostas mais rápidas para a demanda dos nossos clientes, sejam eles consumidores finais ou cabeleireiros, já que nossos produtos são iguais para ambos os públicos – profissionais do cabelo ou pessoas que vão usar nosso produto em casa (a única diferença é o tamanho da embalagem). Eu faço questão de acompanhar todo o caminho de todas as diversas pesquisas dentro da Ybera Paris com muito carinho e atenção, pois acredito que manter a inovação nos produtos na empresa é a nossa assinatura, é a nossa impressão digital, é o que nos torna únicos dentro de um mercado muito competitivo como é o da beleza.

De modo geral, as empresas criam produtos no laboratório e depois lançam no mercado com uma estratégia de marketing, tentando atender a uma demanda. Porém, será que essa demanda existe? Na Ybera Paris, fazemos o contrário: nós identificamos a demanda e depois começamos a pensar na solução. Ou seja, é como se a Ybera Paris falasse a língua dos profissionais e dos apaixonados por cabelos e, por falar essa língua, conseguisse captar os desejos e as necessidades das pessoas. Dessa forma, eu consigo inverter o jogo: primeiro identifico a necessidade das pessoas; só depois é que eu vou pensar no produto. Ou seja, primeiro identifico o sonho de uma pessoa! E só decido investir em uma fórmula nova se estou muito segura de que existe demanda para aquela ideia.

As pesquisas transitam por toda a empresa e em várias etapas diferentes, que vão se sobrepondo, desde o momento da ideia até o momento de o produto estar na mão dos consumidores. Um dos meus principais processos de pesquisa é a observação. Como falei no Capítulo 4, a observação é um pilar fundamental para a criatividade e para pensar coisas novas – produtos, serviços, processos, entre tantas outras coisas que a vida empreendedora demanda de um empreendedor.

Outro tipo de pesquisa absolutamente importante é identificar, de maneira clara e no timing certo, o sonho das pessoas. Qual é o desejo delas? O que elas querem nesse momento? Que tipo de coisa elas procuram para seus cabelos?

Uma forma de recebermos informações e dicas muito valiosas é conversando com os profissionais do cabelo. A Ybera Paris tem uma equipe que está sempre em contato com inúmeros cabeleireiros; eles nos trazem tendências, desejos dos clientes e necessidades que estão surgindo. Às vezes, surgem ideias que já existem no mercado. Mas, às vezes, eu recebo ideias incríveis, superoriginais. Eu gosto muito quando surgem essas ideias fantasiosas, pois é quando posso desenvolver o produto de forma ainda mais inovadora! Muitas ideias que desenvolvemos na Ybera Paris surgem dessas respostas.

Além disso, nós assinamos um serviço de pesquisa de tendências maravilhoso que nos fornece muitas informações que antecipam valiosas tendências do mercado da beleza e de padrões de consumo. E não é só isso. Eu, Johnathan e nossa equipe estamos sempre presentes em congressos, cursos e especializações, investindo em nosso conhecimento e trazendo novidades para a Ybera Paris. Nós acreditamos muito que o conhecimento contínuo é um investimento muito importante para os nossos colaboradores.

Eu também uso as redes sociais para entender o comportamento dos consumidores em tempo real, além de manter constantemente ativa a conversa com especialistas e clientes, que me dão insights práticos e valiosos. Também fico atenta a feedbacks contínuos do mercado e dos consumidores, o que me ajuda a ajustar e melhorar os produtos.

Eu investigo meu público-alvo com muito cuidado e atenção. O foco principal são mulheres de 25 a 50 anos que se preocupam com beleza e cuidados pessoais de alta qualidade. Elas buscam produtos eficazes, mas também querem praticidade e segurança. As perguntas mais comuns costumam ser sobre a eficácia e a segurança dos produtos, e a reclamação mais frequente é a dificuldade em encontrar produtos que sejam ao mesmo tempo acessíveis e sofisticados. Por meio dessas características, consigo entender melhor seus hábitos, como preferem comprar (on-line ou em lojas físicas) e o que valorizam em um produto. Essas observações me ajudam a criar soluções que atendam exatamente às expectativas desse público-alvo.

Percebeu quantas pesquisas eu faço com a minha equipe para saber melhor quem é o meu consumidor e para tomar qualquer decisão? Vou recapitular:

- Faço leituras especializadas.
- Participo de eventos da área de cosméticos.
- Converso muito com especialistas e profissionais do setor.
- Assino um serviço de informações sobre tendências e consumo.
- Fico constantemente atenta e observando tudo o que é novo e o que as pessoas me dizem.
- Acompanho ferramentas digitais para acessar estudos de mercado, realizar análises de tendências ou acompanhar discussões e novidades da indústria em tempo real.

Essa mistura de pesquisa formal, informal e digital, aliada ao meu conhecimento de uma vida toda dedicada ao segmento da beleza, permite que eu seja flexível e inovadora, ajustando o que faço de acordo com o que descubro.

Percebo esse primeiro momento como um quebra-cabeça de informações e insights que preciso montar para tomar a decisão mais adequada. Quando o meu conhecimento do mercado é aliado a todas essas pesquisas feitas por mim e pela minha equipe, eu me sinto segura para tomar o próximo passo: o teste de bancada!

O teste de bancada é o momento em que a equipe do laboratório desenvolve amostras para testar em mechas de cabelos humanos. Eu acompanho de pertinho esse processo, pensando junto e dando feedbacks. É fantástico, pois, ali, eu e a equipe de químicos pensamos toda a fórmula desde a matéria-prima até o produto estar de acordo com a demanda que identificamos.

Depois de muitos testes em mechas, vamos para o próximo passo, que é o teste de cabeça. Nesse teste, entramos no centro técnico da Ybera Paris para fazer o teste em cabeças humanas, algo que pode variar entre cinquenta e cem pessoas. Depois do teste de cabeça, contratamos uma empresa do setor para fazer o teste de eficácia – são empresas terceirizadas e certificadas que fazem esse tipo de teste. Depois do teste aprovado, nós enviamos tudo para a Anvisa.

Depois de aprovado pela Anvisa, iniciamos o lançamento-piloto, que nada mais é que o produto final, porém produzido em pequenos lotes. Fazemos dessa forma pelos seguintes motivos:

1. **TESTAR** o mercado e **AVALIAR** a receptividade do produto em um ambiente mais controlado. Primeiro, a Ybera Paris envia o produto para alguns públicos específicos, como influenciadores digitais e cabeleireiros.

2. **CONTROLAR** feedbacks, opiniões e sugestões. Isso é valioso para aprimorar o produto e rever a comunicação empresarial.

3. **IDENTIFICAR** possíveis problemas e falhas indetectáveis durante o desenvolvimento do produto.

4. **REAVALIAR E AJUSTAR** estratégias de marketing, preço e distribuição antes do lançamento em larga escala.

5. **TREINAR** equipes de vendas, suporte e operação com o produto real e em um ambiente real.

6. **REDUZIR** o risco financeiro ao testar o produto em uma escala menor antes de apostar em um investimento maior.

7. **CRIAR** e **GERAR** expectativa e interesse antes de um lançamento completo.

8. **APRIMORAR** processos de produção, logística e atendimento aos clientes.

9. **PROJETAR** mais precisamente e com mais realidade no que se refere à demanda do produto.

10. **VERIFICAR** se o modelo de negócio é realmente viável e sustentável.

Lembre-se: os problemas existirão, mas é importante não deixar que eles cheguem ao seu cliente. Para o cliente, damos o nosso melhor. Enquanto isso, organizamos a casa. Por esse motivo, executar todas essas etapas de pesquisa e validação do produto é absolutamente fundamental. Imagine quantos problemas, erros e desafios aparecem e como temos a chance de corrigir e alterar antes de chegar ao cliente final! Maravilhoso, não?

Além disso, se, por exemplo, o produto der errado ou você perceber que não é o momento adequado para ele, é mais fácil tirá-lo do mercado e reorganizar a casa sem ninguém perceber, com prejuízo menor e agilidade para conduzir o processo sem grandes problemas de divulgação – algo totalmente possível de perceber no momento do lançamento-piloto. Com vinte anos de experiência, já sei quais reações indicam que o produto será um sucesso e quais indicam que não é o momento adequado ou que será um fracasso.

Quando lancei a linha Botulínica, aconteceu algo curioso. No primeiro momento, ao longo do lançamento-piloto, o público não aceitou de modo imediato o produto, pois era algo muito inovador. Nós começamos a receber os seguintes feedbacks: "Ah, mas é muito diferente...", "Será que funciona mesmo?". Esse tipo de retorno é algo comum para produtos inovadores, pois eles geram desconfiança por serem algo, de fato, diferente. Porém, eu apostei em um bom trabalho de divulgação e de marketing para trabalhar a confiança do consumidor e reverter essa situação. Mantive a campanha firme, apostando que a chave no consumidor ia "virar". Dito e feito. Em três meses, a linha Botulínica se tornou um sucesso. E foi tão bem-sucedida, que abriu as portas da Ybera Paris para exportação.

Porém, quando um produto tem um feedback negativo, do tipo "Não cumpre o que promete", "Não gosto", "Falta alguma coisa" etc., é uma situação mais difícil de reverter. Nesses casos, acredito que vale a pena refletir, rever a situação, recuar e, se for o caso, retirar o investimento no momento. Mas lembre-se: nunca jogue uma ideia fora! As ideias são muito poderosas. No futuro, você pode reaproveitá-las e elas podem ser um sucesso.

Acredito que uma boa forma de conduzir a engrenagem de uma empresa é passo a passo, com muita pesquisa em todas as etapas e com consistência. Dessa forma, o processo se torna mais lucrativo. Se você pular etapas ou for muito afoito durante esse processo, é possível que tenha prejuízo. É como um restaurante que é superbonito, agradável, com atendimento excelente e bons preços. Porém, quando você dá a primeira garfada, percebe que a comida não é boa ou que não está na mesma altura do serviço do restaurante. Nossa frustração como clientes vai gerar prejuízo, pois nunca mais voltaremos nem indicaremos o restaurante para um amigo. É um erro fatal. Por isso, digo sempre: invista muito em pesquisa. É impossível haver uma empresa lucrativa sem pesquisar e sem testar todas as etapas.

Ufa! Percebeu quantas etapas de pesquisa, testes e verificações existem ao longo da criação de um produto? É bastante coisa. Mas tudo o que fazemos dentro da Ybera é com muita atenção, carinho e cuidado: a criação do produto, a embalagem, a melhor estratégia de divulgação – **tudo deve ser pensado em detalhes, porque a ideia é que seja algo muito especial para quem vai usar. Afinal, estamos entregando um produto que é o sonho de alguém**. Às vezes esse sonho foi sonhado por mim. Mas, às vezes, foi sonhado por outra pessoa e nós conseguimos capturá-lo em uma das nossas diversas pesquisas. É uma responsabilidade enorme! Por isso, em toda embalagem dos nossos produtos existe a minha assinatura, garantindo a qualidade, com o lema da Ybera Paris: "Inovar tem como propósito ser único".

•••

PESQUISA É PILAR DA LUCRATIVIDADE

Quando você consegue fazer boas pesquisas com constância, lança produtos, serviços e projetos que atendem diretamente às demandas do mercado, minimizando os riscos de falhas e devoluções. A pesquisa é pilar da lucratividade. Além disso, a pesquisa ajuda a identificar oportunidades de inovação e crescimento, gerando mais receita para o seu negócio. Você só vai ganhar mais quando vender mais, economizar mais e reduzir erros e retrabalhos.

A pesquisa alimenta a criatividade porque fornece uma base sólida de informações sobre o que funciona no mercado e o que ainda pode ser explorado. Dessa forma, você vai conseguir se manter atento às tendências e ao comportamento dos consumidores, sempre inovando de forma estratégica. A pesquisa é o que permite transformar criatividade em produtos lucrativos e que fazem a diferença no mercado.

É importante dizer que as pesquisas precisam ter boa qualidade, ser feitas de forma constante e ser consistentes. Os detalhes são essenciais para uma pesquisa bem-feita — afinal, uma pesquisa superficial pode levar a conclusões erradas e, até, a prejuízos. Por isso, cada aspecto da pesquisa precisa ser considerado com

OUTRO TIPO DE PESQUISA ABSOLUTAMENTE IMPORTANTE É IDENTIFICAR, DE MODO CLARO E NO TIMING CERTO, O SONHO DAS PESSOAS. QUAL É O DESEJO DELAS? O QUE ELAS QUEREM NESSE MOMENTO?

– Sauana Alves

atenção. Uma pesquisa bem-feita vai guiar você rumo a decisões mais acertadas, precisas e lucrativas.

É importante lembrar que a pesquisa traz criatividade e inovação para várias áreas da empresa. Para além da criação de produtos, boas pesquisas fornecem insights valiosos para criar estratégias de divulgação, vendas e distribuição, todas as áreas que fazem a engrenagem do seu negócio se movimentar de forma mais lucrativa.

Um dos maiores insights de inovação que eu tive aconteceu dessa forma. Era 2015, e eu estava em licença-maternidade do meu segundo filho, o Samuel. Aproveitei esse momento mais introspectivo para fazer uma pesquisa global de comportamento e tendências, tentando descobrir como as pessoas estavam consumindo e o que estavam desejando. Nesse mar de informações, percebi que a maioria das pessoas estava comprando pela internet. Comprar on-line não era algo novo, mas eu queria entender a motivação por trás dessas compras.

Depois de muita leitura e análise de pesquisas, entendi que as pessoas estavam comprando pela internet principalmente por causa do preço. Elas analisavam os produtos nas lojas físicas, depois pesquisavam o preço nos sites e, como a internet oferecia preços mais baixos, acabavam comprando por lá. Esse comportamento já era forte nos Estados Unidos e estava ganhando força no Brasil, inclusive no segmento de beleza capilar.

Naquele momento, as vendas da Ybera Paris seguiam um modelo mais tradicional: nós vendíamos no atacado para distribuidores, que, por sua vez, repassavam os produtos para salões e profissionais de cabelo. Não vendíamos diretamente para o consumidor final, pois nosso foco estava nos salões de beleza. No entanto, após essa imersão nas tendências, percebi que era

Pesquisa 123

inevitável mudar, e precisaria ser rápido. As pessoas estavam migrando para as compras on-line. Não era mais apenas uma ideia futurista – já estava acontecendo.

Conversei com o Johnathan e disse: "Precisamos migrar também. Não podemos mais ficar nessa metodologia de distribuição porta a porta. Não funciona mais. Temos que acompanhar esse novo momento; o mar está agitado e devemos ajustar as velas desse barco". Após muita reflexão e análise, decidimos acabar com a cadeia de vendas que tinha muitos intermediários e optamos por vender diretamente para nossos clientes – consumidor final e profissional – pelo site da Ybera Paris.

Com essa decisão, foi possível entregar um produto de alto padrão a um custo mais acessível. Ao eliminar a cadeia lucrativa de distribuição, que envolvia vários intermediários, conseguimos oferecer os produtos a um valor mais baixo, sem comprometer a qualidade.

Mas nos deparamos com outra questão: "Como faremos a divulgação, agora que nossas vendas serão todas on-line? Como atrair pessoas para o nosso site?". Foi quando resolvemos trabalhar com influenciadoras digitais para atrair visitantes para o site da Ybera Paris, oferecendo a elas a oportunidade de ganhar comissões de vendas. Essa abordagem foi transformadora e inovadora para o momento e se tornou um divisor de águas tanto para a Ybera Paris quanto para muitas influenciadoras.

Para garantir o pagamento correto das comissões, Johnathan, com seu irmão Rômulo, que já trabalhava conosco e é hoje sócio da Ybera Paris, desenvolveu um sistema de gerenciamento de vendas. Esse sistema registra as influenciadoras e permite que elas acompanhem vendas e comissões de forma transparente. Além disso, elas recebem treinamentos e informações atualizadas sobre nossos produtos.

O sistema que desenvolvemos foi tão relevante, que compramos a empresa de tecnologia que o criou conosco. Hoje, o mentor de tal empresa é também um dos sócios da Ybera Paris. Toda essa mudança veio no momento certo, pois logo em seguida começou a pandemia. Graças à nossa transição digital já consolidada — com venda direta, divulgação via influenciadoras e um sistema robusto de comissões —, conseguimos sobreviver ao período desafiador, salvando nosso negócio e os empregos de nossos funcionários.

Hoje a Ybera Paris tem mais de 15 mil influenciadoras cadastradas e, enquanto escrevo este livro, estamos ampliando nossa atuação nos Estados Unidos, onde já contamos com mais de 3 mil influenciadoras. Tudo isso foi possível graças às pesquisas que realizamos, nos permitindo antecipar tendências e ajustar nossa estratégia de forma inovadora e eficaz.

Essa experiência me enche de alegria porque ser inovador faz parte da essência da Ybera Paris em todos os departamentos: desde a criação de produtos até a estratégia de marketing. Além disso, nossas influenciadoras encontram na Ybera Paris uma oportunidade para transformar a própria vida.

CAPÍTULO 8

CONEXÕES DIGITAIS: A NOVA ERA DO COMPORTAMENTO COLETIVO

Nosso objetivo é sempre estar à frente, inovando com qualidade e consistência. Acredito que fazemos isso com maestria, especialmente no posicionamento digital. Como mencionei no capítulo anterior, fomos ágeis em identificar que o futuro estava nas vendas on-line. Essa percepção nos permitiu uma transição rápida do modelo tradicional de vendas, envolvendo distribuidores, lojistas e promotores para a venda direta.

Antes mesmo da pandemia, já estava claro: as pessoas cada vez mais migravam para o mundo das compras on-line. E o que guiava essa mudança? O desejo natural de economizar e encontrar as melhores oportunidades. Mas então veio a pandemia, que não só acelerou esse movimento como também nos fez enxergar algo novo: a necessidade de adaptação ao ambiente doméstico. A mudança forçada para dentro de casa trouxe consigo um sentimento de isolamento social, é verdade. Atividades que antes fazíamos fora, como nossos cuidados pessoais, passaram a acontecer no lar. O choque foi grande, mas o aprendizado foi maior! Essa transformação não mudou apenas o nosso jeito de consumir, ela mudou a maneira como nos conectamos. E é nessa transformação que mora o futuro! Quem souber se adaptar e oferecer soluções inovadoras para essa nova realidade estará à frente desse movimento.

Outro fator importante é a conveniência, que se tornou um fator essencial nessa transformação. A busca por evitar deslocamentos e tornar o dia a dia mais confortável impulsionou ainda mais o crescimento das compras na internet. Além disso, o avanço tecnológico, com melhorias constantes no e-commerce e na segurança digital, fez do ambiente virtual uma opção não só viável, mas irresistível. Essa mudança está profundamente ligada ao desejo das pessoas por praticidade e bem-estar. A familiaridade crescente com a tecnologia, somada à vontade de ter uma vida mais simples e eficiente, molda as novas formas de consumo. Quem conseguir oferecer soluções que maximizem essa conveniência e segurança estará na linha de frente dessa revolução digital!

Essa transformação não é apenas uma tendência passageira, mas um reflexo da evolução natural do comportamento humano em busca de mais eficiência e praticidade. As barreiras que antes impediam o crescimento do comércio digital foram derrubadas por inovações que garantem uma experiência mais segura, rápida e personalizada. O resultado é um mercado cada vez mais dinâmico, onde as oportunidades se multiplicam para aqueles que souberem enxergar além do óbvio. Empresas que colocam o cliente no centro, oferecendo soluções que economizem tempo e tragam praticidade, estão não apenas atendendo a uma demanda, mas criando um novo padrão de excelência. Nesse cenário, o sucesso pertence a quem se adapta, inova e coloca a conveniência como prioridade. Não se trata apenas de vender produtos ou serviços, mas de entregar experiências que façam a diferença na vida das pessoas. E, nesse novo mundo digital, as possibilidades são infinitas.

Essa mudança de comportamento transformou a maneira como as pessoas compram e abriu novas oportunidades para empreendedores e empresas inovadoras. A conveniência deixou de ser um diferencial e passou a ser uma necessidade. Hoje o consumidor não procura apenas o melhor preço; ele busca uma experiência completa: desde a facilidade de navegação até a rapidez na entrega e a segurança nas transações.

O avanço da tecnologia continua a abrir portas para quem está disposto a inovar. Com a popularização da inteligência artificial, do *machine learning* e de sistemas automatizados, a personalização se tornou uma ferramenta poderosa para conquistar e fidelizar clientes. Empresas que investem em entender o comportamento do consumidor e oferecem soluções sob medida estão construindo relacionamentos duradouros e de confiança. Ao mesmo tempo, a digitalização trouxe um novo patamar de competitividade. Nesse cenário, crescer depende de ousadia, visão e capacidade de adaptação. Quem estiver preparado para antecipar tendências, otimizar processos e oferecer valor real ao seu público estará não apenas acompanhando a transformação, mas liderando esse movimento.

Essa evolução no comportamento dos consumidores reflete uma verdadeira revolução na forma como nos relacionamos com o consumo e com a informação. **O digital democratizou o acesso e empoderou os indivíduos, oferecendo a cada um a capacidade de tomar decisões informadas, rápidas e seguras**. Hoje, a internet é o grande palco onde tudo acontece: desde a pesquisa de produtos até a interação com marcas e influenciadores que agregam valor e confiança.

As estatísticas não deixam dúvidas: os hábitos de compra na internet estão consolidando-se em um ritmo acelerado. O fato de que 5%[13] dos brasileiros fazem pelo menos uma compra on-line por mês é um claro indicativo de que o digital se tornou parte do cotidiano. E isso vai muito além de uma simples transação – trata-se de uma experiência que envolve conforto, segurança e a confiança de que o consumidor está no controle. Nesse novo cenário, as empresas que souberem proporcionar uma jornada de compra fluida, segura e personalizada estarão à frente. O preço continua sendo um fator importante, mas hoje ele é apenas um componente de um "pacote" maior. O consumidor busca conveniência, praticidade e, acima de tudo, uma experiência sem fricções. A confiança no ambiente digital é fruto de anos de evolução tecnológica e de um mercado que soube se adaptar às necessidades crescentes dos consumidores. Quem souber se posicionar como uma marca de confiança e oferecer uma experiência que vá além das expectativas terá a oportunidade de conquistar um público fiel e engajado.

Nós enxergamos essa transformação com antecedência e tivemos a coragem de agir. Tomamos decisões estratégicas que, na época, pareciam arriscadas, mas que, olhando para trás, foram absolutamente essenciais para o nosso sucesso. Desde 2018, migramos para a venda direta por meio do nosso site, o que nos permitiu manter a qualidade dos nossos produtos enquanto oferecíamos preços mais competitivos. **Fomos pioneiros nessa transição dentro da nossa indústria, e isso nos deu uma vantagem competitiva significativa. Hoje, sinto que estamos à frente da concorrência.**

---

13 FERNANDES, V. 62% dos consumidores fazem até cinco compras online por mês, aponta pesquisa. **Forbes**, 27 jul. 2023. Disponível em: https://forbes.com.br/forbes-money/2023/07/62-dos-consumidores-fazem-ate-cinco-compras-online-por-mes-aponta-pesquisa/. Acesso em: 12 set. 2024.

Enquanto muitos ainda hesitam em dar esse passo fundamental para o digital, nós já estamos operando nesse modelo há anos. E, sim, é uma mudança profunda, radical e cheia de desafios, mas absolutamente necessária para quem quer ser inovador e liderar o mercado.

A transição para o mundo digital não foi fácil. Eu, Johnathan e Rômulo (que naquele momento era nosso gerente de vendas e hoje é nosso sócio) enfrentamos uma série de desafios ao longo do caminho. Um dos passos mais difíceis foi romper com toda a cadeia de distribuição tradicional que tínhamos. Isso envolvia distribuidores, varejistas, lojistas, promotores de vendas – toda uma estrutura que, à primeira vista, parecia indispensável. Eu me lembro claramente de uma reunião com uma grande distribuidora de cosméticos. Eles estavam convencidos de que estávamos cometendo um erro gigantesco, que abandonar o mercado físico dessa forma seria o nosso fim. Eles acreditavam que, sem a presença nas lojas físicas, nós iríamos à falência. Mas nós acreditamos no nosso propósito, na nossa visão.

E o futuro nos mostrou que estávamos certos. Enquanto muitos continuavam presos a modelos de negócios ultrapassados, nós nos adaptamos, inovamos e crescemos. A decisão de ir direto ao consumidor nos permitiu ter controle total sobre a experiência de compra, entender melhor as necessidades do nosso público e, acima de tudo, construir uma relação mais próxima com nossos clientes.

●●●

A adaptação ao novo comportamento digital das massas foi um processo que exigiu uma reestruturação completa na Ybera. Não bastava apenas mudar a plataforma de vendas; era preciso repensar toda a nossa estratégia. Tomamos uma decisão que envolveu cada aspecto da empresa, porque vender pela web não é simplesmente colocar produtos on-line e esperar que as vendas aconteçam. É necessário ter uma visão estratégica bem-definida para não criar competições internas entre site, e-commerces ou marketplaces, o que poderia desvalorizar nossa marca e comprometer a percepção de qualidade construída ao longo dos anos.

Desde 2018, optamos por vender exclusivamente pelo nosso site, mas isso foi possível porque compreendemos rápido o que era essencial: a venda direta só seria sustentável se houvesse uma divulgação massiva que levasse os clientes diretamente para a nossa plataforma. Sabíamos que não bastava apenas ter uma boa estrutura de vendas; era preciso criar uma presença digital forte que atraísse novos consumidores e fortalecesse a relação com os clientes que já confiavam na nossa marca.

Essa decisão nos desafiou a ser mais criativos e inovadores em nossas campanhas de marketing. Entendemos que, no ambiente digital, a comunicação com o cliente precisa ser ainda mais próxima, clara e impactante. Investimos em conteúdo de valor, em parcerias com influenciadores que realmente acreditam na nossa marca e em um relacionamento direto e transparente com o consumidor final. Esse foi o caminho que nos permitiu crescer de forma sustentável, sem sacrificar a nossa essência.

A transição para o digital não é só uma mudança de canal, mas uma mudança de mentalidade. E foi essa mentalidade que nos permitiu transformar desafios em oportunidades, enquanto muitos ainda estavam presos a modelos de negócio tradicionais. Apostamos na venda direta e, com estratégia, construção

QUEM SOUBER SE POSICIONAR COMO UMA MARCA DE CONFIANÇA E OFERECER UMA EXPERIÊNCIA QUE VÁ ALÉM DAS EXPECTATIVAS TERÁ A OPORTUNIDADE DE CONQUISTAR UM PÚBLICO FIEL E ENGAJADO.

— Sauana Alves

de marca e uma comunicação poderosa, conseguimos manter o valor do nosso produto e consolidar nossa posição no mercado.

Primeiramente, a adaptação significou uma mudança fundamental na maneira como nos conectamos com nossos consumidores finais. Para isso, criamos uma plataforma exclusiva de vendas diretas da fábrica, algo totalmente novo para nós. Não havia um modelo preexistente dentro da empresa, então tivemos que construir tudo do zero. Esse foi um passo ousado, mas absolutamente necessário, pois sabíamos que o relacionamento direto com o consumidor seria a chave para o sucesso no ambiente digital.

Além disso, a transição para o digital exigiu uma reestruturação completa da nossa logística. O aumento no volume de pedidos trouxe novos desafios que precisavam ser superados rapidamente. Implementamos soluções tecnológicas para gerenciar essa demanda crescente e garantir uma entrega ágil e eficiente, desde o momento em que o pedido é processado até o momento em que o produto chega à porta do cliente. Isso foi fundamental para oferecer uma experiência que estivesse à altura das expectativas dos consumidores digitais, que valorizam não apenas o produto, mas todo o processo de compra.

A criação e manutenção dessa plataforma inovadora também demandou importantes ajustes nos nossos processos internos. Integrar novas tecnologias e adaptar nossa equipe a esses novos sistemas foi um desafio que abraçamos com determinação. Sabíamos que, para atender a um público cada vez mais exigente e conectado, era preciso ser ágil, eficiente e, acima de tudo, inovador. E foi isso que fizemos: construímos uma operação capaz de entregar qualidade em cada etapa da jornada do cliente. Paralelamente, nossa abordagem de marketing e comunicação também passou por uma transformação significativa. O mundo digital exige uma presença forte e consistente, e, para isso, começamos a investir mais em estratégias digitais. Campanhas de mídia social, parcerias com influenciadores e criação de conteúdo relevante se tornaram nossas prioridades. Passamos a nos comunicar diretamente com nosso público-alvo de forma mais eficaz e personalizada, e isso nos permitiu construir uma conexão mais profunda e contínua com nossos clientes.

Investir em conteúdo relevante e na gestão de interações on-line foi determinante para manter uma relação próxima e transparente com nosso público. No mercado digital, a comunicação precisa ser rápida, autêntica e com propósito. Isso nos ajudou a atrair novos clientes e a fidelizar os que já conheciam nossa marca e confiavam nela. Estar presente e ativo nas plataformas digitais nos posicionou como líderes — não só pelo que vendemos, mas pela maneira como nos conectamos com as pessoas.

A venda direta oferece inúmeras vantagens competitivas no dia a dia, e uma das mais poderosas é essa conexão direta e profunda que conseguimos estabelecer com nossos consumidores finais. Diferentemente dos modelos tradicionais, nos quais intermediários muitas vezes distanciam a marca do cliente, nós temos acesso direto às informações — tanto quantitativas quanto qualitativas. Sabemos quem são nossos clientes, o que eles querem e como se sentem em relação aos nossos produtos. Essa proximidade nos permite ajustar rapidamente nossas ofertas e atender às expectativas de maneira mais personalizada e eficiente.

E é isto que o consumidor moderno deseja: ser visto, ser ouvido e ser atendido pelas marcas, sem intermediários. Eles não estão apenas em busca de um produto excelente; estão em busca de experiências únicas e memoráveis. Essa é uma tendência global, e nós a abraçamos plenamente. Hoje a experiência de compra é quase tão importante quanto o produto em si, e a venda direta nos permite entregar essa experiência de forma autêntica e personalizada.

Agora, surgiu um desafio: como entregar essas experiências quando estamos vendendo um xampu ou um perfume pela internet? Como transmitir a sensação de um perfume ou a textura de um xampu pela tela de celular? A resposta para isso está na comunicação verdadeira e apaixonada. É preciso ter uma autoridade falando diretamente ao consumidor, com sinceridade e entusiasmo genuíno sobre o produto. E foi exatamente por isso que nossa estratégia de formar um exército de influenciadoras se mostrou tão bem-sucedida.

As influenciadoras são a ponte que conecta o produto à experiência real. Elas recriam, no ambiente digital, a sensação que os consumidores teriam ao entrar em uma loja e serem recebidos por uma promotora de vendas encantadora e apaixonada pelo que faz. Só que, na nossa estratégia, as pessoas podem vivenciar isso no conforto de suas casas, sem precisar se deslocar. Essa é a beleza do digital: conseguimos levar a experiência até o consumidor, onde quer que ele esteja.

E, mais do que isso, as influenciadoras trazem credibilidade e confiança. Elas falam com verdade e proximidade, gerando identificação com o público. O consumidor não está apenas recebendo uma recomendação de produto; está ouvindo a opinião de alguém em quem confia, alguém que compartilha seus valores e interesses. Essa conexão é poderosa e tem sido uma peça-chave na nossa estratégia de sucesso.

As influenciadoras desempenham um papel fundamental. Para garantir que essa conexão seja autêntica e eficaz, investimos fortemente no treinamento dessas parceiras. Foi com esse propósito que criamos a B2C Academy, uma plataforma de educação que capacita e prepara nossas influenciadoras para representar a marca, com conhecimento e paixão. Essa iniciativa foi um dos pilares da nossa migração para o digital e tem sustentado nosso modelo de negócio de forma lucrativa e consistente.

Entendemos que a melhor maneira de conquistar o cliente é por meio de influenciadores de diferentes perfis e tamanhos. Por isso, desenvolvemos estratégias ajustadas para trabalhar com influenciadores grandes, médios e pequenos. Para nós, o mais importante é construir parcerias vantajosas e de longo prazo, nas quais todos saem ganhando. Não se trata apenas de números – trata-se de relações sólidas e genuínas, que agregam valor tanto para a marca quanto para o influenciador e, claro, para o consumidor final.

Contamos com uma rede impressionante de 15 mil influenciadores digitais cadastrados no Brasil e 3 mil influenciadores nos Estados Unidos. Gerenciar essa equipe gigantesca é um desafio enorme, mas também uma fonte de grande satisfação. O processo de criação e manutenção de conteúdo é vital para manter nossa presença digital forte e relevante. Estamos sempre atentos às tendências e demandas do mercado digital, ajustando nossas estratégias conforme necessário para continuar crescendo e entregando valor. Manter o relacionamento com esses influenciadores requer dedicação. O digital é um mercado dinâmico; nele, as demandas mudam rapidamente. Por isso, estamos em constante evolução, refinando nossas abordagens e buscando novas formas de fortalecer essas parcerias. Sabemos que, para continuar na vanguarda, precisamos ser ágeis, inovadores e comprometidos com a qualidade.

Nosso objetivo é construir algo maior do que apenas uma marca de produtos – estamos criando uma comunidade de influenciadores, colaboradores e consumidores unidos por uma visão compartilhada de qualidade, autenticidade e confiança. Esse é o nosso diferencial, e é assim que continuaremos a crescer.

Na B2C Academy, nossos influenciadores recebem treinamento e conhecimento semanalmente sobre uma ampla gama de tópicos. Além de aprenderem sobre as especificidades técnicas dos nossos produtos, nós também oferecemos suporte contínuo para que eles se tornem cada vez mais capacitados nas suas próprias redes sociais, criando e compartilhando conteúdos cada vez mais inspiradores e impactantes. Sabemos que o sucesso deles está diretamente ligado ao nosso, por isso oferecemos dicas, cursos e materiais sobre tudo o que envolve não só a nossa marca, mas o próprio trabalho de divulgação. Nossos treinamentos cobrem aspectos essenciais, como engajamento, criação de posts impactantes, fotografia, escrita e compartilhamento de conteúdo. O objetivo é claro: transformar nossos influenciadores em verdadeiras autoridades no assunto. Mais do que apenas vender produtos, eles estão construindo suas próprias marcas pessoais, e estamos comprometidos em ajudá-los a atingir seu potencial máximo.

Os resultados falam por si. Muitas influenciadoras conseguiram transformar suas vidas de forma significativa, passando de situações de vulnerabilidade para uma vida de abundância. Algumas chegam a faturar 100 mil reais por mês, e há casos em que, dependendo da campanha, esse valor pode ser alcançado em um único dia. Testemunhar essas histórias de sucesso é extremamente gratificante, pois mostra que o relacionamento que construímos com nossas influenciadoras vai muito além de uma parceria comercial – ele é transformador.

Eu percebi que entender e identificar como se relacionar com as influenciadoras foi absolutamente essencial para construirmos um tráfego de conversão saudável e consistente. O marketing de influência, quando bem-estruturado, não é apenas uma ferramenta de vendas – é uma ponte que conecta marcas, produtos e consumidores de forma genuína e autêntica. E é exatamente isso que temos feito: cultivar uma rede de influenciadores que acreditam nos nossos produtos e têm a oportunidade de mudar suas próprias vidas por meio do trabalho conosco.

Essa é a força do digital: ele democratiza oportunidades e permite que pessoas de todos os lugares possam crescer e prosperar. O sucesso das nossas influenciadoras reflete diretamente no sucesso da nossa marca, e é por isso que continuamos a investir no desenvolvimento delas. Quanto mais fortes e confiantes elas se tornarem, mais nossa marca crescerá junto.

No entanto, essa transformação digital também trouxe alguns desafios. Embora tenha revolucionado a maneira como nos conectamos e fazemos negócios, a qualidade das interações pessoais e presenciais diminuiu. Muitas atividades que antes envolviam contato humano foram substituídas por interações virtuais, o que pode gerar uma sensação de desconexão emocional. A dependência de plataformas digitais também levanta preocupações sobre privacidade e segurança, além de afetar o bem-estar emocional e social das pessoas, pela falta de interações face a face.

Reconhecendo esses desafios, tomamos uma atitude proativa: oferecemos acompanhamento psicológico dentro da B2C Academy para aqueles que enfrentam questões de saúde mental. Esse é um ponto muito importante para mim, pois sabemos que, embora a tecnologia e as redes sociais tenham um impacto incrível, elas também podem fazer com que as pessoas se afastem da vida real e das conexões humanas. Isso, infelizmente, tem contribuído para o aumento de problemas como ansiedade, depressão e, em casos mais graves, até suicídio.

Cuidar do bem-estar mental dos nossos influenciadores e colaboradores é uma prioridade. Não se trata apenas de garantir que eles tenham sucesso nas redes sociais ou nas vendas, mas de garantir que estejam bem em todas as áreas da vida. Entendemos que, para que possam dar o melhor de si, precisam estar equilibrados emocionalmente. Oferecemos suporte técnico e de desenvolvimento profissional, mas também suporte humano, porque acreditamos que o sucesso verdadeiro só acontece quando mente e corpo estão em harmonia.

A tecnologia é uma ferramenta poderosa, mas precisamos usá-la com responsabilidade e com um olhar atento para seus impactos na vida das pessoas. Nosso papel não é apenas proporcionar oportunidades de crescimento e lucro, mas também garantir que, no processo, estamos cuidando do bem-estar de todos os envolvidos. Essa é uma responsabilidade que levamos muito a sério, e que faz parte do nosso compromisso de ser uma empresa que valoriza as pessoas em primeiro lugar.

• • •

Essas adaptações foram fundamentais para que a Ybera Paris acompanhasse as mudanças do mercado e se posicionasse como líder na nova era digital. Ao oferecer produtos de alta qualidade diretamente aos consumidores, garantimos que nossa marca permanecesse relevante e competitiva em um mercado em constante evolução. Adotar essa postura proativa nos permitiu sobreviver e prosperar, consolidando nossa presença e construindo uma base de clientes fiéis.

Nós exploramos todos os canais e redes sociais possíveis. Onde quer que nossa marca possa estar — seja por meio de influenciadoras, anúncios no Google ou campanhas no YouTube —, estamos presentes. Trabalhamos com uma estratégia de divulgação massiva, porque sabemos que criar conexões reais com o público demanda muito trabalho e esforço. É o mesmo que construir um relacionamento no mundo físico: se você tratar bem seus clientes ao longo da vida do seu negócio, eles vão permanecer com você. Mas, se o tratamento for negligente, eles vão embora rapidamente. Eu sempre gosto de lembrar a frase do Rômulo: "O resultado é proporcional ao seu esforço". Isso é uma verdade imutável! Se você se esforça pouco, terá pouco. Mas, se você se dedica e coloca todo o seu empenho, os resultados serão grandiosos. Esse princípio é o que nos guiou nos últimos anos e continuará a nos guiar no futuro.

Seis anos atrás, em um mundo pré-pandemia, tudo o que fizemos foi extremamente inovador. Fomos os primeiros a migrar de forma tão radical dentro do nosso segmento. Olhando para trás, tenho plena certeza de que tomamos a decisão certa no momento certo. A inovação que implementamos nos manteve competitivos e nos colocou à frente do mercado. E o mais empolgante é que isso só tende a crescer! O futuro da digitalização é incrivelmente promissor. Vejo uma integração cada vez mais forte com novas tecnologias, que continuarão a moldar o mercado de maneiras que ainda estamos começando a explorar. A personalização e a inovação serão os pilares do sucesso contínuo, e as empresas precisarão se adaptar rapidamente para atender às novas demandas dos consumidores, que estarão cada vez mais exigentes e conectados.

A capacidade de se antecipar às mudanças tecnológicas e de integrar novas soluções será decisiva para manter uma posição de destaque. Nesse cenário digital, habilidades como expertise em marketing digital, análise de dados, experiência no e-commerce, comunicação virtual e segurança digital se tornam essenciais. Inovar e se adaptar rapidamente às novas tecnologias é mais que uma vantagem — é uma necessidade. As empresas que não conseguirem acompanhar esse ritmo estarão em desvantagem.

Os empreendedores do futuro precisam ter um entendimento profundo das ferramentas digitais, estando dispostos a investir tempo e esforço para construir e manter uma presença forte no digital. Criar e gerenciar conteúdo de forma eficaz, compreender o comportamento dos consumidores e utilizar dados para tomar decisões estratégicas serão as bases para o sucesso. O mundo digital oferece oportunidades ilimitadas. É preciso estar preparado para aproveitá-las ao máximo.

Nunca devemos subestimar o poder de uma ideia, nem descartá-la prematuramente. Muitas vezes as ideias mais inovadoras surgem de momentos de incerteza ou de tentativas que, à primeira vista, parecem arriscadas. A inovação e a criatividade são os motores que impulsionam o crescimento e a lucratividade. No início, pode parecer que uma mudança radical, como a que fizemos ao migrar para o digital, seja arriscada demais, mas foi essa ousadia que nos colocou à frente do mercado. Cada ideia precisa ser cultivada, testada e aprimorada, porque é disso que nasce o novo. As empresas que têm coragem de experimentar, de inovar e de pensar além do óbvio são as que colhem os frutos mais valiosos. A criatividade gera novas soluções e abre portas para oportunidades que antes não eram visíveis. É essa capacidade de olhar para o futuro e de não jogar fora uma ideia que, com o esforço correto, pode se tornar um sucesso, diferenciando líderes e seguidores. No fim, a inovação não é apenas um diferencial competitivo – ela é a chave para a longevidade e a lucratividade. Cada passo criativo que damos, cada risco calculado que decidimos correr pode ser o catalisador de uma nova era de crescimento para o negócio.

Inovação e criatividade dentro do mundo digital

A migração para a venda direta não foi apenas uma mudança de canal, mas uma transformação completa na forma como nos conectamos com nossos consumidores. Inovar e pensar de forma criativa foram atitudes essenciais para garantir o sucesso da transição. As lições aprendidas ao longo desse processo podem ser aplicadas a qualquer negócio que deseja se destacar no mercado digital e oferecer algo verdadeiramente único. Aqui estão 10 ensinamentos que nos guiaram nessa jornada:

1. Nunca subestime uma ideia ousada. A migração para o digital parecia arriscada no início, mas foi essa coragem que nos permitiu liderar o mercado.

2. Inovação é essencial na venda direta. Ao cortar intermediários, criamos uma conexão direta com o consumidor, permitindo uma experiência mais personalizada e eficaz.

3. Criatividade é a chave para criar novas soluções. Desde a criação da nossa plataforma de vendas até o uso de influenciadores, a criatividade sempre nos guiou para encontrar formas de nos destacar.

4. A venda direta exige uma estratégia robusta. Não basta apenas estar on-line – é preciso ter uma visão clara e inovadora para garantir que seu público-alvo se conecte com sua marca.

5. Personalização é o futuro. A venda direta nos permite oferecer uma experiência personalizada, algo que os consumidores valorizam cada vez mais.

6. O esforço de criar uma conexão autêntica é recompensado. Quanto mais investimos em entender nossos clientes e nos relacionar com eles, mais fiel e engajada se torna nossa base de consumidores.

7. A tecnologia deve ser usada para fortalecer a relação com o cliente. Ferramentas digitais, como as plataformas de e-commerce, são essenciais para otimizar a venda direta e entregar valor ao consumidor.

8. Inovar é garantir a longevidade. A venda direta e a adaptação às novas tecnologias nos permitiram não só sobreviver, mas prosperar em um mercado em rápida transformação.

9. Criar uma rede de influenciadores é uma estratégia poderosa. Eles são fundamentais para recriar no digital a experiência de um atendimento personalizado, essencial na venda direta.

10. A antecipação das mudanças garante uma posição de liderança. Estar à frente das tendências tecnológicas e de consumo nos permitiu inovar continuamente e manter nossa relevância no mercado.

Conexões digitais

CAPÍTULO 9

CONSISTÊNCIA: A CHAVE PARA TRANSFORMAR IDEIAS EM REALIDADE

A consistência é a força que faz você continuar avançando, mesmo quando enfrenta dificuldades. É a determinação que o impulsiona para frente, dia após dia, ainda que diante de desafios que parecem imensos – algo que é particularmente verdadeiro para quem decide empreender. Para mim, a consistência foi o que permitiu transformar meu sonho de ter uma marca própria em realidade. É com a consistência que você constrói sua trajetória, mantendo coragem e confiança, inclusive quando os resultados não são imediatos. Para mim, consistência é o que permanece.

A consistência é fundamental para concretizar sonhos, ideias ou projetos. Ela está relacionada a duas outras características essenciais: **DETERMINAÇÃO E PERSISTÊNCIA**. Essas três juntas precisam andar de mãos dadas para você alcançar seus objetivos. Os movimentos consistentes são desafiadores porque os pensamentos negativos frequentemente tentam atrapalhar sua jornada. Eu sempre procuro ser positiva, mas percebo que muitos empreendedores desistem ao se deparar com desafios e dificuldades, o que faz com que se tornem muito pessimistas.

Claro que problemas existem – para mim e para qualquer outro empreendedor –, mas a maneira como você enxerga e encara esses problemas é o que faz a diferença. Se você tiver consistência no seu propósito, conseguirá manter-se firme e superar pensamentos negativos, medos inapropriados e crenças limitantes. Esses desafios internos são como fantasmas que podem assombrar sua caminhada e minar sua confiança. Lembra-se do capítulo sobre crenças limitantes? Elas são as mais difíceis, pois nublam sua visão e podem impedir a confiança necessária para seguir em frente.

Na Ybera Paris, a consistência foi o alicerce de tudo o que construímos. Desde a qualidade dos nossos produtos até o atendimento que oferecemos, cada pequeno detalhe exigiu de mim, do Johnathan e de toda a nossa equipe um compromisso inabalável. Essa dedicação diária foi o que nos permitiu construir uma marca sólida, que cresceu e floresceu ao longo dos anos. A consistência é o que mantém nossos padrões elevados e nos impulsiona a evoluir, sempre em busca do melhor para nossos clientes e para nós mesmos.

Transformar uma ideia em realidade é como plantar uma semente e cuidar dela com carinho. A consistência é esse cuidado contínuo – regar, podar, proteger – para garantir que a semente germine e floresça. Cada passo dado com perseverança é como um gesto de cuidado, fazendo a ideia crescer e mais cedo ou mais tarde tornar-se um produto ou serviço de sucesso. Sem consistência, a ideia nunca ultrapassa o estágio de sonho.

Para mim, **CONSISTÊNCIA E CRIATIVIDADE** andam lado a lado. É como cultivar um jardim: a consistência cria o ambiente certo para que as plantas cresçam saudáveis e fortes. Da mesma forma, a criatividade precisa de um esforço contínuo para sair do mundo das ideias e tornar-se algo tangível. Persistir, dia após dia, é o que permite que novas ideias ganhem forma e se tornem reais.

É claro que nem todas as ideias florescem. No jardim da vida, muitas sementes são plantadas, mas poucas florescem sob as mesmas condições de luz, água e cuidado. Na Ybera Paris, por exemplo, apenas uma a cada dez ideias tem o conjunto necessário para virar produto. E, depois que um produto é criado, há ainda todo o caminho de divulgação, com testes e ajustes, até que ele se prove bem-sucedido no mercado. Isso exige um ciclo constante de paciência e dedicação não só quanto ao produto, mas a toda a vida da empresa. E, às vezes, até a própria sobrevivência da empresa está em jogo. São momentos de incerteza, quando a persistência pode ser a única coisa que nos leva ao sucesso.

Mas como saber se estamos no caminho certo? Como manter a motivação para persistir e continuar consistentes? Essas são perguntas que todo empreendedor deve fazer a si mesmo repetidas vezes. E a verdade é que só você pode encontrar essa resposta. Não existe uma fórmula mágica.

O que acredito, porém, é que Deus nos dá pistas ao longo do caminho. Eu, pessoalmente, não acredito em sorte. Acredito em bênçãos. Se você estiver atento, perceberá esses pequenos sinais — pistas que indicam que você está no caminho certo. Um caminho abençoado é aquele que, apesar dos desafios, parece se abrir para você. As respostas vêm, as soluções surgem e, mesmo em meio a dificuldades, há uma sensação de confiança. Você sente que, apesar dos obstáculos, há um movimento em direção ao seu objetivo.

Por outro lado, se tudo é extremamente difícil, se cada passo parece um retrocesso, talvez seja o momento de reconsiderar o caminho. Talvez seja hora de ajustar a rota, e isso não é um fracasso. Faz parte da jornada encontrar o caminho que lhe permitirá florescer. Ao seguir seu talento único, as pistas vão começar a aparecer.

•••

Além de todos os desafios internos, que já são imensos, há os desafios externos: acontecimentos ou situações imprevisíveis, dos quais nós não temos nenhum controle. Empreender no Brasil é um desafio à parte. A burocracia, os impostos altos, a falta de cultura empreendedora e as crises econômicas criam um ambiente de dificuldades constantes. Abrir um negócio já é complicado; mantê-lo vivo, ainda mais. E as estatísticas refletem isso: **cerca de 60%[14] das empresas no Brasil fecham nos primeiros cinco anos de operação. Durante a pandemia, por exemplo, o setor de beleza no estado de São Paulo perdeu 15 mil empresas.[15]**

A Ybera Paris só conseguiu sobreviver à pandemia porque, antes dela, já havia feito uma mudança estratégica: adoção do modelo de venda direta e utilização de influenciadores digitais para promover os produtos. Essa decisão foi determinante para nos mantermos de pé durante aquele período difícil.

Contudo, nossa história de superação começou muito antes. Em 2008, ainda estávamos em um momento delicado. As vendas iam bem, mas as despesas superavam as receitas. Estávamos lutando para equilibrar as contas e, de repente, nos vimos sem dinheiro para comprar matéria-prima. Johnathan, desesperado, me disse: "Sau, não temos como produzir para entregar. Não vejo saída. Game over".

Aquelas palavras me abalaram, mas eu sabia que não podíamos desistir. Eu disse: "Nós não vamos cair e ficar no chão chorando.

---

14 SEIS dicas para tirar a sua empresa do vermelho. **CNN Brasil**, 16 jun, 2024. Disponível em: https://cnnbrasil.com.br/economia/financas/seis-dicas-para-tirar-a-sua-empresa-do-vermelho/. Acesso em: 24 set. 2024.

15 SP: 15 mil empresas do setor de beleza declararam falência na pandemia. **CNN Brasil**, 19 jun. 2020. Disponível em: https://www.cnnbrasil.com.br/economia/macroeconomia/sp-15-mil-empresas-do-setor-de-beleza-declararam-falencia-na-pandemia/. Acesso em: 18 set. 2024.

EM TEMPOS DIFÍCEIS,
É A PERSISTÊNCIA, A
CLAREZA E O APOIO DAS
PESSOAS AO NOSSO
REDOR QUE FAZEM A
DIFERENÇA.

– Sauana Alves

Vamos levantar e lutar". Foi então que decidimos terceirizar a produção, algo que demandava extrema confiança. Fizemos um acordo ousado com a Indústria Carvalho Cosméticos, encomendando um lote grande de produtos, numa jogada "tudo ou nada".

Logo em seguida, a crise financeira global de 2008 estourou. O mercado entrou em recessão e as vendas da Ybera Paris despencaram. Estávamos com o armazém cheio de produtos e não havia vendas. Foi um momento de puro desespero. Nos víamos prestes a falhar com a dona da Indústria Carvalho, Iva Carvalho Martins, que havia confiado em nós. Mas, em vez de desistir, fomos até ela, explicamos a situação com total transparência e conseguimos renegociar a dívida. Foi uma conversa difícil, mas ela confiou em nós e essa parceria é forte até hoje.

Esse foi um aprendizado valioso. Percebemos que o problema não era a Ybera Paris nem nossos produtos, mas a economia mundial. Não podíamos desistir por causa de fatores externos. A solução estava em enfrentar o problema com coragem e foco, sem perder de vista a consistência que havia nos levado até ali.

Mais tarde, em 2015, passamos por outro momento delicado. A empresa estava se desenvolvendo e enfrentando as "dores do crescimento". Foi uma fase de ajustes internos que abalaram a saúde financeira empresarial. Porém, mais uma vez, encontramos pessoas maravilhosas que nos ajudaram a superar esse período e nos deram forças para continuar nossa jornada.

Essas experiências nos ensinaram que empreender tem altos e baixos, e a consistência e a fé no propósito são as verdadeiras chaves para o sucesso. Em tempos difíceis, é a persistência, a clareza e o apoio das pessoas ao nosso redor que fazem a diferença.

Em 2015, tivemos a imensa alegria de contar com a parceria e a sociedade de Djillali Chorfa, que não é apenas um amigo, mas um verdadeiro irmão de coração. Sua presença foi decisiva em nossa jornada, especialmente em um momento desafiador para a Ybera Paris. Djillali trouxe sua força, dedicação e um apoio essencial, que foi muito além do emocional – ele nos ajudou financeiramente, em um período no qual estávamos lutando para estabilizar a empresa.

Uma de suas maiores contribuições foi nos ensinar a importância de evitar o pagamento de juros altos em prestações e a prática comum, à época, de antecipação de cheques. Isso parecia uma solução rápida, mas, na realidade, estava nos prejudicando financeiramente. Dijillali nos mostrou que, ao eliminar esses custos adicionais, poderíamos começar a reestruturar nossas finanças de forma mais sólida e sustentável. Esse conselho foi fundamental para que a Ybera Paris pudesse se estabilizar e retomar seu crescimento.

A generosidade e sabedoria financeira de Dijillali foram como luz naquele momento desafiador. Somos eternamente gratos por tudo o que ele fez e continua a fazer.

•••

O caminho consistente é bastante desafiador. Mesmo quando temos muita confiança em um produto, é preciso estar atento e, em alguns casos, rever a rota. Um produto que, para mim, simboliza a consistência é o Óleo de Mirra. Eu já falei um pouquinho sobre esse assunto, mas acredito que vale a pena retomar, porque ele tem um percurso diferente dos outros produtos já lançados. O Óleo de Mirra nasceu dentro de uma família de produtos. Era parte de uma linha que também tinha xampu, condicionador, máscara, finalizador, entre outros.

Na época em que a Ybera Paris lançou a linha Mirra (é importante lembrar), nós vendíamos apenas para cabeleireiros e profissionais do cabelo. Depois de uns dois anos de tentativas e persistência, percebemos que era melhor manter somente o óleo no catálogo e deixamos de vender os outros produtos, já que os profissionais do cabelo usavam apenas o Óleo de Mirra. Foi uma mudança importante de estratégia, necessária para a época, e o Óleo de Mirra se tornou um campeão de vendas!

Porém, como eu sempre digo: nunca jogue uma ideia fora!

Enquanto eu escrevia este livro, a Ybera Paris relançou a linha completa Mirra, desta vez para consumidores finais, com mais inovação, porque acredito que agora as pessoas vão entender a proposta da linha completa. É o momento apropriado para ela!

A inovação da linha Mirra reflete como sempre estou revisando e ajustando fórmulas e projetos. Esse desejo constante de aprimorar é o que me ajuda a evitar a estagnação e a manter a Ybera Paris sempre inovadora. Revisar e melhorar é um processo contínuo. Cada feedback, cada nova ideia e cada pequeno ajuste são oportunidades para tornar os produtos, os processos e as estratégias melhores. Esse ciclo de adaptação e aprimoramento garante que continuemos a oferecer o melhor aos nossos clientes. E você vai se lembrar de que uma das minhas regras fundamentais é sempre entregar o melhor do melhor.

No fundo, o empreendedor sempre sente quando é hora de persistir ou quando é hora de mudar de rumo. Nossa intuição e consciência pessoal desempenham papel importante. Por isso, tenha sempre em mente: avalie os resultados, ouça os feedbacks e reflita sobre o progresso. Às vezes a resposta está na nossa própria percepção interna. Confie na sua intuição e no seu conhecimento para tomar essas decisões, e lembre-se de que sua consciência frequentemente oferece sinais claros sobre quando continuar e quando reconsiderar.

Não existe uma resposta única para saber se você está no caminho certo. Mas existem perguntas que podem ser feitas para ajudar nesse processo de amadurecimento e decisão:

1. Você está resolvendo um problema real? Seu produto ou serviço atende a uma necessidade genuína do mercado?

2. Há demanda crescente? Você percebe um aumento na procura pelo que oferece?

3. Você recebe feedback positivo dos clientes? Seus clientes estão satisfeitos e recomendando seu negócio a outras pessoas?

4. Você continua motivado a aprender e a se adaptar? Continua disposto a fazer ajustes com base no feedback e nas mudanças do mercado?

5. Seu negócio está crescendo? Há um crescimento constante em receita, clientes ou alcance?

6. Você está motivado, mesmo nos momentos difíceis? Você mantém a paixão pelo que faz, apesar dos desafios?

7. Você está construindo uma equipe forte? Você consegue atrair e reter talentos?

8. Suas finanças estão melhorando, ou seja, o fluxo de caixa está positivo ou caminhando para isso?

9. Você tem uma visão clara de onde quer chegar e tem um plano concreto para isso?

10. Você acredita que está criando valor com o seu negócio? Você concorda que o seu negócio faz diferença na vida das pessoas ou de outras empresas?

É importante ter sempre em mente que o caminho do empreendedorismo não é linear. Haverá altos e baixos, curvas e obstáculos, mas, se estiver experimentando vários desses sinais com uma resposta positiva, é um bom indicativo de que está na direção certa.

DETERMINAÇÃO, PERSISTÊNCIA E CONSISTÊNCIA: O TRIO PARA O SUCESSO

O caminho para o sucesso começa com a determinação. É ela que desperta aquela vontade genuína de fazer acontecer, de criar algo que vai além do comum. Quando eu e Johnathan começamos a Ybera Paris, não tínhamos ideia da proporção que ela tomaria. Existia, naquele momento, uma vontade enorme de construir algo que pudesse impactar a vida das pessoas. Não tínhamos grandes pretensões sobre o futuro; tudo foi acontecendo de forma orgânica. Mas uma coisa era clara: estávamos determinados! E essa determinação era tão intensa, que nos movia, mesmo sem saber exatamente aonde iríamos chegar. O que nos guiava era o desejo de vencer e de criar algo valioso.

Depois que você determina seguir um caminho, o próximo passo é persistir. Persistir significa não desistir diante das dificuldades, porque elas sempre vão aparecer. No meu caso, eu sabia que estava construindo algo com potencial para transformar a vida das pessoas. O impacto da Ybera Paris não se limitava à beleza externa; estávamos elevando a autoestima das pessoas e contribuindo para melhorar suas vidas em diversos aspectos, inclusive financeiramente. Persistir, para mim, era acreditar no valor dessa missão, mesmo quando os obstáculos surgiam. É fácil pensar em desistir, mas,quando você acredita no que está criando, encontra forças para continuar.

E aí entra a consistência. Depois da determinação e da persistência, a consistência é o que transforma todo esse esforço em resultados reais e duradouros. É ela que garante que cada dia e cada pequeno avanço construam algo sólido e significativo. Na Ybera Paris, foi a consistência que nos permitiu crescer. Mantendo o foco, a qualidade e a paixão em tudo que fazíamos, fomos aos poucos consolidando a marca e tocando a vida das pessoas de forma profunda. Cada produto, cada parceria, cada novo passo foi um tijolo que colocou a Ybera Paris no lugar onde está hoje.

O que aprendi é que, por mais que o futuro seja imprevisível, é a combinação de determinação, persistência e consistência que faz os sonhos se tornarem realidade. É isso que mantém sua visão viva e faz com que você continue avançando, mesmo nos dias mais difíceis. Quando colocamos amor no que fazemos, esse amor se reflete em cada conquista, transformando não só a sua vida, mas a vida de todos ao seu redor.

Para mim, consistência é um dos pilares mais poderosos para construir algo duradouro e significativo. É ela que garante que, dia após dia, eu siga em frente com o mesmo cuidado, paixão e propósito em tudo o que faço. Quando penso em manter a consistência, vejo isso se refletindo em várias áreas do meu negócio e da minha vida.

Primeiro, é essencial manter a qualidade dos produtos. Não importa quanto minha empresa cresça, a consistência na qualidade é o que mantém a confiança dos meus clientes. Eu reviso as fórmulas, os processos de produção e escuto o feedback constantemente, porque essa atenção ao detalhe é o que fortalece a base do que construí.

Também acredito que a comunicação regular com clientes e parceiros é fundamental. Estar presente, acessível e manter o contato constante mostra meu compromisso com eles. É assim que construo relacionamentos duradouros e de confiança.

Outro ponto essencial para mim é garantir que minha equipe esteja sempre bem-treinada e alinhada com os padrões de excelência que estabelecemos. Não basta apenas contratar talentos; é preciso investir no desenvolvimento contínuo para que todos estejam crescendo juntos.

E, claro, consistência não significa estagnação. Sempre busco inovar, encontrar novas ideias, produtos ou melhorias. Dedico tempo a isso porque sei que a inovação é o que mantém a empresa viva e relevante, evitando que ela caia na rotina.

O QUE APRENDI É QUE,
POR MAIS QUE O FUTURO SEJA
IMPREVISÍVEL, É A COMBINAÇÃO DE
DETERMINAÇÃO, PERSISTÊNCIA E
CONSISTÊNCIA QUE FAZ OS SONHOS
SE TORNAREM REALIDADE.

Cumprir promessas é outro aspecto fundamental. Quando digo que vou fazer algo, seja um prazo de entrega ou um resultado esperado, faço questão de honrar esse compromisso. Cumprir o que prometo cria uma relação de confiança e reforça a seriedade com que levo o negócio.

Da mesma forma, é importante que cada cliente tenha a mesma experiência de excelência ao ser atendido, independentemente de quem esteja atendendo. A consistência no atendimento reflete como nos importamos com cada detalhe.

Também acredito no valor do desenvolvimento pessoal. Como líder, estou sempre aprendendo por meio de leitura, cursos ou outras formas de conhecimento, porque sei que o crescimento da empresa está diretamente ligado ao meu próprio crescimento.

Por fim, valorizo o feedback contínuo. Escutar minha equipe e meus clientes regularmente me ajuda a manter tudo em equilíbrio e alinhado, garantindo que estamos sempre avançando na direção certa.

Para mim, consistência não é fazer algo perfeitamente uma vez, mas repetir, com amor e propósito, cada pequeno passo que me leva ao sucesso. É isso que sustenta o crescimento, constrói confiança e transforma grandes sonhos em realidade.

Um exemplo claro de como a constância desempenha um papel decisivo no nosso trabalho foi o recente desafio que enfrentamos com as embalagens da Ybera Paris. Quando decidimos criar um molde exclusivo, enfrentamos uma série de obstáculos com os fornecedores. Cada teste e desenvolvimento que recebíamos mostrava que a embalagem não atingia o padrão de perfeição que almejávamos.

Foi um processo doloroso e frustrante. Havia momentos em que a embalagem ainda não estava ideal, e a necessidade de continuar vendendo não permitia que parássemos até que tudo estivesse perfeito. Em algumas situações, tive que tomar a difícil decisão de entregar produtos com embalagens que não estavam exatamente no nosso padrão de excelência, apesar do meu desejo de esperar até que tudo estivesse impecável.

No entanto, foi a constância que nos ajudou a persistir e a buscar continuamente a melhoria. Em vez de desanimar, continuamos a trabalhar incansavelmente com nossos fornecedores, insistindo na necessidade de atingir a qualidade que nossos clientes merecem. A constância não apenas nos motivou a superar os desafios, mas também garantiu que, a cada nova tentativa, nos aproximássemos mais do padrão ideal.

Essa experiência reforça a importância de manter-se fiel aos nossos princípios e ao nosso compromisso com a qualidade. A constância é o que nos permite enfrentar dificuldades, aprender com elas e continuar a melhorar, garantindo que nossas embalagens, assim como nossos produtos, estejam sempre à altura das expectativas de nossos clientes. É esse comprometimento contínuo que sustenta a confiança e a credibilidade que conquistamos e que são fundamentais para o sucesso da nossa marca.

Várias vezes me deparei com situações em que seria financeiramente vantajoso para a empresa baixar a qualidade dos produtos ou não cumprir o prometido. No entanto, a honestidade e a constância são princípios que me impedem de sequer considerar essas alternativas. Manter a confiança e a credibilidade é muito mais importante para mim do que qualquer ganho imediato. A consistência na qualidade e o cumprimento das promessas são fundamentais para construir e manter a reputação que tanto valorizamos. Esses valores são a base sobre a qual nossa marca foi construída e são essenciais para o sucesso em longo prazo.

Como driblar os pensamentos negativos para manter o foco no propósito

Os pensamentos negativos, a autossabotagem e as crenças limitantes são desafios internos que você enfrentará diariamente como empreendedor. Às vezes, você conseguirá superar esses medos ou dúvidas, mas, em outras ocasiões, pode ser mais complicado, sobretudo quando essas questões são profundas, originárias na infância ou em experiências traumáticas. Nesses casos, é necessário ter paciência, respirar e aprender a lidar com a situação ou driblá-la da melhor forma possível. Aqui estão algumas dicas para enfrentar os pensamentos negativos na sua rotina empreendedora:

- Cultive uma mentalidade de crescimento e abundância: invista em autoconhecimento para identificar padrões de pensamentos negativos.

- Encare os desafios como oportunidades: eles são chances de aprendizado e crescimento, não obstáculos intransponíveis.

- Estabeleça metas realistas: defina objetivos alcançáveis em curto e longo prazo, para manter o foco e a motivação.

- Pratique a gratidão: celebre as conquistas, principalmente as pequenas. Lembre-se de que cada conquista é um passo importante.

- Cuide da sua saúde física e mental: mantenha-se saudável com exercícios, alimentação adequada e sono suficiente.

- Leia histórias de empreendedores bem-sucedidos: isso ajuda a manter-se inspirado e motivado.

- Conecte-se com outros empreendedores e mentores: ter uma rede de apoio é fundamental para oferecer suporte e conselhos.

- Aprenda com os erros: encare as falhas como lições, e não como derrotas definitivas.

Lembre-se do seu propósito: reflita constantemente sobre o motivo pelo qual você escolheu ser empreendedor. Caso se sinta distante dele, tire um momento para meditar, respirar e se reconectar com seu propósito.

Medite, ore, respire. Reserve um tempo do seu dia para conversar com você mesmo. No meu caso, minha conversa é sempre com Deus.

Essas práticas ajudarão a manter a consistência e a superar desafios internos, permitindo que você avance com confiança em sua jornada empreendedora.

CAPÍTULO 10

MOTIVAÇÃO: O COMBUSTÍVEL QUE MANTÉM O NEGÓCIO

Quem me conhece sabe que eu sou naturalmente entusiasmada. Meu entusiasmo se reflete em tudo que faço, desde cuidar da minha família até trabalhar e aprender coisas novas. Gosto de me sentir desafiada e estar sempre em movimento, explorando ideias, conhecendo pessoas e descobrindo inovações. Esse é o combustível que me motiva e me encanta, e minha paixão por Deus e pelo serviço a Ele é o que me guia.

A motivação é a essência que corre nas minhas veias. Ela é a centelha que acende tudo o que faço, pois é a ação das minhas intenções. É o que transforma seus pensamentos e ideais em ação, fornecendo a energia e a determinação necessárias para realizar projetos. Mas eu sei que manter essa vibração não é simples. Todos nós, empreendedores, enfrentamos momentos difíceis. Como disse a Johnathan em um de nossos momentos mais desafiadores: "Podemos até cair, mas não vamos ficar no chão chorando. Vamos respirar fundo e levantar". Esse espírito empreendedor é essencial para manter a consistência no seu propósito.

A Ybera Paris nasceu dessa motivação intensa para ter minha própria marca. Desde criança, eu brincava com a ideia de cuidar da minha empresa, e devo essa força à minha mãe. Ela não queria que eu e meus irmãos tivéssemos chefes, mas que tivéssemos nossa própria empresa. Eu sabia que trabalharia com beleza, pois toda a minha família está nesse segmento, e a paixão por cuidar das pessoas sempre esteve em mim. A oportunidade surgiu com meu primeiro salão e, quando conheci Johnathan, veio a chance de criarmos uma marca própria.

Minha parceria com Johnathan transformou toda a minha motivação em ação e realidade. Ele é um gênio nas áreas de vendas e estratégia, e eu brinco, dizendo que ele é meu gênio da lâmpada. Eu tenho uma ideia, faço meu pedido e ele a executa com perfeição. Assim nasceu a Ybera Paris, da combinação entre minha motivação e a execução dele.

Como mencionei no início do livro, começamos vendendo henna após o incentivo de minha mãe. Em seguida, criamos nossa própria marca e identificamos uma demanda nova: a progressiva sem formol. Testamos mais de 150 elementos para encontrar um ácido que pudesse alisar sem o formol, evitando a fumaça e a irritação. Quando a progressiva com formol foi proibida em 2009 por ser cancerígena, já estávamos preparados com nossa progressiva sem formol certificada pela Anvisa.

Depois, lançamos a escova cítrica, que fez sucesso, e o Discovery, a primeira progressiva em um único passo, marcando uma grande inovação. A motivação continua alta porque estou profundamente envolvida com o propósito da nossa marca e em mantê-la competitiva em um mercado desafiador. Quando vejo concorrentes se inspirando em nós, sinto que estamos no caminho certo, inovando e sendo autênticos.

Minha motivação cresce ainda mais quando vejo que precisamos elevar a régua e trazer inovações. Criar um sistema de comissões para influenciadores foi uma dessas inovações. Reconheço que elevar sempre a régua é desafiador e cansativo, mas a motivação é decisiva. Quando estamos cansados e uma tempestade se aproxima, eu e Johnathan nos unimos para renovar nossa energia e transmitir essa motivação para toda a equipe.

E como lidar com o desânimo e as críticas que surgem no dia a dia? Primeiro, lembre-se de não levar as críticas para o lado pessoal; elas são oportunidades para aprender e crescer. Mantenha o foco no seu propósito e observe os resultados concretos do seu trabalho. Como diz o ditado, "contra fatos não há argumentos"; ter provas tangíveis do seu sucesso reforça a confiança. Além disso, é fundamental cercar-se de pessoas que apoiam sua visão e jornada. Cuide de si mesmo todos os dias: meu lema é me alimentar bem, dormir bem e fazer exercícios regularmente. Isso é essencial para manter a energia e o bem-estar. Observar os resultados e lembrar--se dos progressos alcançados também ajuda a combater o desânimo e reforçar a confiança no caminho que você está trilhando.

Nunca perca de vista o motivo pelo qual você começou. Esse propósito é a alma do seu projeto e a força que o impulsiona adiante. Reflita sobre a missão que o inspirou a dar o primeiro passo e visualize o impacto positivo que seu trabalho pode ter. Essa visão será a luz-guia durante os desafios que inevitavelmente surgirão.

A jornada empreendedora não é linear. É preciso estar preparado para ajustar suas estratégias e aprender com os obstáculos. Adaptar-se faz parte do processo e pode revelar oportunidades que você não havia considerado. Mantenha-se flexível e aberto a novas possibilidades.

Não carregue o peso sozinho. Busque mentores, colegas empreendedores ou amigos que possam oferecer conselhos e apoio. Conversar com pessoas que entendem suas lutas pode trazer novos insights e renovar sua motivação. Ver a dedicação dos colaboradores que estão ao seu lado também é uma fonte de inspiração e força.

É fácil focar apenas o que ainda precisa ser feito, mas reserve momentos para olhar para trás e reconhecer quanto você já conquistou. Essa reflexão pode reforçar sua confiança e mostrar que cada esforço vale a pena. Celebrar os progressos, por menores que sejam, alimenta sua motivação e renova suas energias para os desafios futuros.

Assim, você seguirá firme na sua jornada, com consistência, determinação e perseverança – três palavras que, para mim, são fundamentais na vida de qualquer empreendedor. Acredito que a consistência é um dos pilares mais importantes, ao lado de inovação e criatividade, para se manter competitivo e saudável financeiramente no mercado. Com consistência, construímos uma marca forte em um setor altamente competitivo e estabelecemos uma relação de confiança e proximidade com nossos clientes. Se não fosse pela nossa motivação e pela nossa consistência, não teríamos superado a crise de 2008, passado pela pandemia como passamos ou chegado a duas décadas de empresa, com a ampliação da nossa fábrica para uma área de 11 mil metros quadrados.

A motivação é a energia que proporcionará a você a consistência necessária para alcançar o sucesso. Mas não é um sucesso qualquer; é um sucesso de longo prazo, como uma casa sólida e bem-construída, enraizada no chão e capaz de resistir aos ventos fortes.

A importância de manter a equipe motivada

A motivação é uma força que impulsiona a gente, mas que também está impregnada em toda a equipe da Ybera Paris. É o combustível invisível que impulsiona o sucesso de qualquer empresa. Manter uma equipe motivada exige uma conexão real com as pessoas. Acredito que, quando lideramos com carinho e empatia, conseguimos criar um ambiente onde todos se sentem valorizados. Na Ybera, me esforço para ouvir a todos, estar presente e mostrar que somos uma grande família. Isso fortalece os laços e inspira o melhor de cada um.

Uma dica que posso dar é: sempre se lembre de que cada membro da sua equipe tem sonhos, desafios e necessidades. Ao criar um ambiente acolhedor, onde as pessoas se sentem ouvidas e reconhecidas, a motivação naturalmente cresce. Metas claras e desafios saudáveis são essenciais para manter o engajamento de todos.

A motivação não tem a ver apenas com recompensas financeiras. Trata-se de criar um senso de propósito, de pertencimento. **Quando meus colaboradores se sentem valorizados e compreendidos, eles dão o melhor de si não porque devem, mas porque querem.** Eles se tornam embaixadores apaixonados da marca, tanto dentro quanto fora do ambiente de trabalho.

Motivação também tem a ver com crescimento. Quando você investe no desenvolvimento de sua equipe, está enviando uma mensagem poderosa: "Acredito em vocês. Vejo seu potencial". Por isso, ofereça oportunidades de aprendizado, com desafios que os tirem da zona de conforto.

A motivação é contagiosa. Comece por você. Seja o exemplo. Sua energia, sua paixão, seu comprometimento serão o farol que guia sua equipe nas tempestades. Quando você acredita verdadeiramente na missão da empresa, essa crença se espalha como fogo.

Lembre-se: uma equipe motivada é resiliente. Ela não desmorona diante dos desafios; ela se une e se fortalece. Em tempos de crise, será essa motivação que manterá o barco à tona, com todos remando na mesma direção.

Invista tempo em conhecer cada membro de sua equipe. A verdadeira liderança está em saber tocar a corda certa em cada indivíduo. Por fim, cultive uma cultura de gratidão. Agradeça não apenas pelos grandes feitos, mas pelo esforço diário, a lealdade, a dedicação. Gratidão gera mais motivos para ser grato. É um ciclo virtuoso que eleva toda a organização.

A motivação não é um destino; é uma jornada contínua. É seu trabalho diário como líder manter essa chama acesa, alimentá-la com propósito, reconhecimento e oportunidades. Quando você consegue isso, não está apenas construindo uma empresa; está criando um legado, uma família unida pelo mesmo propósito.

Uma equipe motivada é invencível. Com ela ao seu lado, não há desafio grande demais, não há meta inalcançável. Cultive a motivação e veja sua empresa — e as pessoas nela — alcançarem alturas que você jamais imaginou possíveis.

PESSOAS QUE ME INSPIRAM

Eu acredito que todo empreendedor precisa de pessoas que o inspirem e o motivem na sua jornada. Eu gosto muito de aprender coisas novas e saber histórias de pessoas incríveis que são verdadeiras inspirações para mim — sejam aquelas que estão ao meu lado, sejam outros empreendedores ou cientistas. Quero compartilhar um pouco da história de algumas figuras que eu considero absolutamente geniais e que marcaram profundamente a minha vida e a minha carreira.

Johnathan Alves, como fundador da Ybera Paris, é um exemplo marcante de determinação, visão e resiliência. O que mais me inspira nele, e o que acredito ser um exemplo para todos os empreendedores, é sua capacidade de transformar desafios em oportunidades e de nunca perder o foco, mesmo diante de adversidades.

Uma das lições mais poderosas de Johnathan refere-se à importância de acreditar em um sonho, mesmo quando ele parece distante ou impossível. Ao começarmos a Ybera Paris, não havia garantias de sucesso, mas o desejo de criar algo inovador e significativo foi o combustível que o impulsionou a seguir em frente. Ele me mostra que a determinação e a fé no próprio trabalho são essenciais para superar os obstáculos e continuar crescendo.

Além disso, Johnathan é um exemplo de como a persistência é fundamental no mundo dos negócios. Houve momentos em que a Ybera Paris enfrentou grandes dificuldades, chegando à beira da falência, mas ele nunca desistiu. Em lugar de recuar, ele tomou decisões estratégicas, muitas vezes arriscadas, que foram determinantes para a recuperação e o crescimento da empresa. Essa resiliência é uma característica fundamental para qualquer empreendedor que queira ter sucesso em um mercado competitivo.

Outro ponto que vale destacar é a visão de Johnathan para o futuro. Ele sempre esteve à frente em termos de inovação, buscando entender as necessidades do mercado e dos consumidores antes de todo mundo. Sua capacidade de identificar tendências e transformá-lasem produtos que impactam positivamente as pessoas é um exemplo claro de como a observação e o estudo constante podem levar à criação de algo verdadeiramente extraordinário.

Além disso, Johnathan é uma pessoa que lidera com coração. Ele valoriza as pessoas ao seu redor, seja equipe, parceiros ou clientes, e faz questão de mantê-los conectados e motivados. Esse cuidado com o ser humano, alinhado à busca incessante por inovação e excelência, é um legado poderoso que ele deixa para qualquer empreendedor que deseja construir algo significativo e duradouro.

Gilda Lannes Leite. Além de tudo o que já citei, adiciono que ela tem um papel ainda mais especial para mim: é minha mãe e a maior referência de garra e determinação que eu poderia ter. O exemplo que ela me deu como empreendedora foi algo que moldou profundamente minha forma de liderar e conduzir a Ybera.

Uma das características mais marcantes na Gilda é essa garra que ela tem, algo que ficou impregnado em mim desde cedo. Não soltar, não desistir, manter o foco, mesmo quando as coisas não estão fáceis — isso é algo que ela me ensinou pelo exemplo, e é o que eu aplico todos os dias na Ybera. Para criar constância em qualquer negócio, é essencial ter essa persistência, essa determinação para continuar e lutar pelos seus sonhos, mesmo quando as circunstâncias parecem desafiadoras.

A garra da minha mãe me mostrou que, para construir algo duradouro, é preciso muito mais do que boas ideias; é preciso trabalho duro, resiliência e determinação inabalável. É essa força que me guia e que eu carrego comigo em todos os momentos. Ela foi e continua sendo um grande exemplo para mim não só como empreendedora, mas como mulher, mãe e líder. O legado dela é uma inspiração constante na minha jornada empreendedora, e é algo que eu tento honrar todos os dias na Ybera.

Luiza Helena Trajano, a líder por trás do sucesso da Magazine Luiza, é uma inspiração incrível para qualquer empreendedor, especialmente por sua jornada, que começou de maneira humilde e se transformou em um império inovador no varejo brasileiro. O que mais me fascina nela é a sua habilidade de enxergar oportunidades e de entender profundamente o comportamento das pessoas, adaptando seus negócios de acordo com essas mudanças.

Ela começou com uma pequena loja, assim como nós na Ybera Paris, e, ao longo do tempo, se mostrou uma visionária. Luiza foi uma das primeiras a reconhecer o potencial da digitalização no varejo, o que a levou a criar estratégias que integravam o físico e o digital de forma pioneira no Brasil. Seu olhar atento para a transformação digital e sua capacidade de antecipar tendências, como a criação de um avatar virtual na época em que isso ainda era uma inovação radical, demonstram exatamente o tipo de liderança que admiro e na qual me inspiro.

Luiza Trajano é um exemplo perfeito de como a inovação não é apenas tecnologia, mas é entender o comportamento humano. Ela conseguiu ver a mudança no comportamento das massas e, em vez de apenas seguir, ela liderou esse movimento. Essa capacidade de adaptação, de antecipar o futuro e de estar sempre à frente das necessidades do mercado é algo que me inspira a fazer o mesmo na Ybera Paris.

Além disso, Luiza é conhecida por seu compromisso com a inclusão social e diversidade dentro da empresa. Ela promove uma cultura de empatia e humanização nos negócios, o que, para mim, é um modelo de liderança admirável. Sua crença em um capitalismo consciente, que considera o impacto social ao mesmo tempo que busca o lucro, é uma lição importante para qualquer empreendedor.

Para mim, o exemplo que ela deixa é o de que, independentemente do tamanho com que começamos, podemos alcançar grandes feitos se tivermos coragem de inovar e adaptarmos nossas estratégias ao comportamento e às mudanças das pessoas. Luiza nos ensina que o segredo está em manter-se atenta, ágil e disposta a se reinventar, sempre com o olhar no futuro.

A história de **Estée Lauder** é uma grande fonte de inspiração para mim, especialmente porque ela começou sua trajetória de maneira muito semelhante à minha. Estée Lauder iniciou sua carreira criando cosméticos de forma artesanal, com pequenos lotes que ela mesma produzia. Da mesma forma, eu comecei a Ybera Paris com uma abordagem igualmente prática, desenvolvendo nossos primeiros cosméticos manualmente na panela.

Estée Lauder não apenas fabricou seus produtos com dedicação, mas também usou sua visão para transformar esse trabalho inicial em uma marca globalmente reconhecida. Ela conseguiu levar seu pequeno empreendimento a um nível internacional, estabelecendo um padrão elevado de qualidade e inovação na indústria de cosméticos.

Para mim, isso demonstra que é possível crescer e alcançar o sucesso, mesmo começando com recursos limitados. Assim como Estée Lauder construiu um império a partir de suas primeiras criações, eu acredito que, ao manter nossa paixão pelo que fazemos e ter uma visão clara do que queremos alcançar, podemos expandir a Ybera Paris e deixar um impacto significativo no mercado de cosméticos.

A chave está em seguir o exemplo de Estée Lauder, que combinou seu talento inicial com uma visão de longo prazo e estratégias eficazes de crescimento. Em outras palavras, a mesma dedicação e inovação que marcaram o início de nossa jornada devem ser aplicadas ao nosso crescimento, garantindo que nossa marca não apenas cresça, mas também evolua de maneira significativa, assim como a dela fez. Esse é o legado que me guia e me motiva a continuar avançando com a Ybera.

Nikola Tesla, embora conhecido principalmente por suas contribuições à ciência e à tecnologia, também oferece lições valiosas para o mundo dos negócios e para empreendedores de qualquer setor, incluindo o de cosméticos. A inovação, a visão ousada e a busca incansável pela perfeição são qualidades que Tesla personificava e que podem ser aplicadas em qualquer empreendimento.

O que mais admiro em Tesla, e que acredito ser um exemplo poderoso para o meu negócio, é a sua capacidade de sonhar grande, sem se limitar pelas expectativas dos outros. Ele tinha uma visão transformadora para o futuro e estava disposto a correr riscos enormes para realizar suas ideias. Esse mesmo espírito de inovação e ousadia é algo que eu busco incorporar na Ybera ao não apenas criar produtos, mas transformar a vida das pessoas.

Tesla também nos ensina a importância de acreditar no que fazemos, mesmo quando os outros não enxergam valor ou potencial. Ele muitas vezes trabalhou sozinho, contra a corrente, mas nunca deixou de acreditar em sua missão. Esse foco inabalável naquilo que ele sabia ser possível é algo que qualquer empreendedor pode aprender. Na Ybera Paris, essa fé no propósito maior é o que me move a criar produtos que atendem às necessidades do mercado e têm o poder de transformar a autoestima e a vida das pessoas.

Motivação 175

Além disso, Tesla era um perfeccionista. Ele buscava excelência em cada detalhe, e essa busca pela qualidade máxima é algo que também aplico nos cosméticos que desenvolvemos. Não se trata apenas de lançar um produto, mas de garantir que ele realmente faça a diferença na vida dos nossos clientes. Assim como Tesla se dedicava à ciência, me dedico à criação de produtos que resolvem problemas capilares e oferecem uma experiência transformadora.

Para mim, Tesla nos ensina a importância de pensar além do presente. Ele estava sempre focado no futuro, em como suas invenções poderiam impactar o mundo em longo prazo. Da mesma forma, eu quero que a Ybera seja uma marca que não apenas acompanha tendências, mas que as antecipa e molda o futuro da beleza e dos cuidados capilares, sempre com o propósito de transformar vidas, assim como Tesla transformou o mundo com suas invenções.

Steve Jobs deixou um exemplo poderoso para qualquer empreendedor que deseja ser inovador, criativo e antenado. Ele nos mostrou que não basta apenas seguir as tendências; é preciso estar à frente delas. Jobs tinha uma visão única de antecipar o que as pessoas desejariam antes mesmo de saberem que precisavam. Essa capacidade de criar produtos revolucionários, que atendem às necessidades do presente e moldam o futuro, é algo que admiro profundamente.

Eu busco essa mesma abordagem para a Ybera Paris. Gostaria muito que a Ybera fosse a "Apple dos cosméticos" — uma empresa que inova e dita tendências. Para mim, isso significa criar produtos que melhoram a aparência e oferecem uma experiência única, transformando a vida das pessoas de maneira profunda. Tal como Steve Jobs fazia, quero que a Ybera seja sinônimo de excelência e inovação, com qualidade inquestionável, à frente do seu tempo.

Essa visão exige um compromisso permanente com a perfeição, a originalidade e a ousadia de não ter medo de correr riscos. Steve Jobs nos ensinou que o caminho para a inovação passa por desafiar o *status quo* e, acima de tudo, amar o que fazemos. É esse amor pelo que criamos que nos permite continuar inovando e antecipando o que está por vir.

Para você se manter motivado!

Eu me mantenho motivada porque acredito profundamente no impacto do que faço. O que me move é saber que, por meio da Ybera, estamos transformando a vida de muitas pessoas, seja na autoestima, seja na vida financeira. A paixão pelo propósito é o que mantém minha chama acesa todos os dias.

Minha dica para você é: encontre seu propósito; aquele motivo maior que faz seus olhos brilharem e que dá a você energia para continuar, mesmo nos dias difíceis. Quando o trabalho tem um significado profundo, a motivação se renova constantemente. E mais uma coisa: celebre cada pequena vitória, porque elas conduzem você ao grande sucesso.

CAPÍTULO 11

A IMPORTÂNCIA DE CELEBRAR CADA CONQUISTA

A jornada do empreendedor é repleta de desafios, além de altos e baixos e momentos de incerteza. Em meio a essa montanha-russa de emoções e experiências, é fácil esquecer uma ferramenta poderosa que pode impulsionar seu sucesso e bem-estar: a celebração. Celebrar não tem a ver apenas com festas grandiosas ou recompensas luxuosas. Pelo contrário! É um estado de espírito, uma prática amorosa de reconhecer e apreciar nossas conquistas, por menores que pareçam. Por isso, cada passo adiante, cada problema resolvido, cada meta alcançada é uma vitória que merece ser celebrada com carinho.

Como você pôde acompanhar neste livro, são muitas histórias — bonitas, alegres, mas também difíceis e tensas — pelas quais passamos para construir nossa marca própria e nossa empresa, que hoje está em mais de cinquenta países. Posso garantir a você que, sem celebrarmos cada pequena conquista e sem agradecermos por tudo o que alcançamos, não teríamos chegado aonde estamos.

Nossa história é escrita com muito amor, dedicação, consistência, inovação, criatividade, determinação e motivação. Cada uma dessas qualidades foi detalhada capítulo a capítulo deste livro. Hoje, ao olhar para trás, sinto um orgulho profundo. Vejo a Sauana de vinte anos atrás, uma jovem de 21 anos, recém-casada, e me reconheço inteiramente nela. Ela já sabia o que queria e estava cheia de determinação. Eu diria a ela: "Siga exatamente o mesmo caminho, com a mesma garra e paixão. E nunca deixe de absorver todo o conhecimento que puder".

Para mim, conhecimento vale mais do que qualquer quantia em dinheiro. Especialmente quando é colocado em prática, transformando-se em verdadeira sabedoria. As coisas materiais e o lucro que você obtém na sua empresa ou na sua vida pessoal são frutos da sua riqueza espiritual, emocional e do conhecimento que você acumulou ao longo da sua trajetória. Por isso, busque todo o conhecimento possível em áreas diversas e estude sempre! Eu me tornei autodidata e simplesmente gosto muito de estudar! Ouço audiolivros, vejo muitos documentários, gosto de ler sobre cientistas e pessoas geniais, gosto muito de visitar museus e pesquisar sobre tudo o que desperta a minha curiosidade. Tudo isso me nutre, mantendo minha motivação sempre viva, minha curiosidade aguçada e meu olhar aberto para novas ideias.

É esse alimento rico que me ajuda a manter minha motivação e consistência sempre em alta. E, quanto mais eu estudo e busco conhecimento, mais me afasto da arrogância, pois ela é o início do fim. A verdadeira sabedoria sempre vem acompanhada de humildade, pois nos faz enxergar quanto ainda há para aprender no vasto universo do saber. Cada nova descoberta amplia nossos horizontes e revela novos mistérios e questões a explorar. Assim, o empreendedor que deseja ser bem-sucedido permanece eternamente curioso e aberto ao novo, reconhecendo que o aprendizado é uma jornada infinita.

Por isso, quando me perguntam "Sau, o que é sucesso para você?", eu respondo sem hesitar: sucesso não é dinheiro. Sucesso é o equilíbrio entre o emocional e o espiritual. Para mim, a verdadeira riqueza está em tratar bem o próximo, em cuidar com amor da sua família, em cultivar uma amizade sincera com Deus, em ter coragem para enfrentar os desafios e em manter a consistência, mesmo nos momentos mais difíceis. Essa é a verdadeira prosperidade.

Para você, que está empreendendo, quero reforçar a importância de ser sempre criativo, curioso, pesquisador, motivado, consistente e focado no seu propósito. Nunca, nunca se acomode! Parece simples, mas é muito fácil cair na acomodação. Se você não estiver atento e desperto, pode acabar perdido no sofá, assistindo à televisão e reclamando que nada muda; pode ficar na internet vendo coisas que não fazem bem; ou se sentir preso nas redes sociais, acreditando que todos têm uma vida melhor que a sua. Esse tipo de vida desmotivada drena a sua criatividade, enfraquece a sua motivação e distorce o seu propósito. Além disso, deixa você sem foco, aumentando o fluxo de pensamentos negativos.

Por isso é tão importante que suas emoções, seus pensamentos e suas intenções estejam sempre vibrando positivamente, lá no alto. Mas tem que ser de coração, de dentro para fora; caso contrário, não adianta. Lembre-se de que você é o primeiro influenciador da sua própria vida, e só você tem o poder de multiplicar seu propósito e seu negócio.

Essa multiplicação começa pequena, com o primeiro cliente ou o primeiro produto. Nem sempre começamos com dinheiro – isso é privilégio de quem já é herdeiro. Essa multiplicação precisa ser feita com muita consistência e sabedoria, reinvestindo sempre no seu próprio negócio e tendo cuidado para não gastar de forma errada, pois imprevistos acontecem.

Ao longo desses vinte anos, enfrentamos diversos imprevistos: crises financeiras, problemas com embalagens, dificuldades de entrega porque a demanda cresceu mais rápido que nossa infraestrutura...

A importância de celebrar cada conquista

O EMPREENDEDOR QUE DESEJA SER BEM-SUCEDIDO PERMANECE ETERNAMENTE CURIOSO E ABERTO AO NOVO, RECONHECENDO QUE O APRENDIZADO É UMA JORNADA INFINITA.

– Sauana Alves

Tantas coisas aconteceram! Mas em nenhum momento enxerguei esses problemas como o fim do meu negócio. Sempre pensei: "Vamos melhorar, vamos resolver!". E foi exatamente o que fizemos: trabalhamos juntos para superar cada um deles. Houve muitos desafios, sim, mas nunca os vi como falta de sucesso ou fracasso. Pelo contrário, sempre os encarei como oportunidades, como obstáculos que precisávamos enfrentar para amadurecer e para crescer.

Nessa jornada, uma das decisões mais acertadas – embora também uma das mais desafiadoras – foi manter a fé e a consistência na qualidade dos nossos produtos nos momentos mais difíceis. Sempre tive a convicção de que o produto Ybera Paris precisava ser uma referência em inovação e qualidade. Queria que o consumidor usasse e percebesse, com sua própria experiência, a transformação e o efeito benéfico nos cabelos. Sempre soube que só assim teríamos compras recorrentes e a confiança genuína de quem escolhe nossa marca. Meu desejo sempre foi este: consumidores que voltam para comprar conosco porque testaram, aprovaram e ficaram satisfeitos. Busco sempre aquele "uau" após o primeiro uso dos nossos produtos. Para mim, essa é uma das maiores provas de que estamos no caminho certo.

Manter a qualidade dos produtos diante de todos os desafios do empreendedorismo – especialmente no Brasil – é uma tarefa muito complexa. Houve momentos em que quase falimos e enfrentamos sérias dificuldades financeiras. Equilibrar o custo de matérias-primas de alta qualidade com tecnologia inovadora, pagar todos os impostos e ainda garantir a logística de distribuição em um país tão grande, ao mesmo tempo mantendo um preço competitivo nas prateleiras, é um desafio enorme! Mas eu e Johnathan nunca desistimos. Para nós, esse era apenas mais um obstáculo a ser superado – e foi exatamente isso que fizemos.

Quando passamos a vender diretamente para os consumidores, direto da nossa fábrica, conseguimos manter a qualidade dos nossos produtos – algo absolutamente inegociável para mim –, oferecendo um preço final muito competitivo e com o valor agregado da inovação. Tenho muita tranquilidade ao trabalhar nosso marketing, pois tudo o que divulgamos em nossas campanhas é exatamente o que está dentro de cada embalagem.

E o que nos faz resolver um problema? Inteligência, conhecimento e pessoas comprometidas. Por isso, nossos colaboradores são tão importantes para mim. Sem eles, não conseguiríamos superar os desafios que sempre vão surgir. Eu digo que o sucesso de uma empresa está em você e nas pessoas que estão ao seu lado. Por isso, levo comigo essa frase no coração: *Pessoas são mais importantes que coisas.*

É fundamental cuidar das pessoas que estão com você e mantê-las motivadas, como mencionei no capítulo anterior. Trate-as com respeito e carinho; pague um salário justo. Você pode pensar: "Ah, não consigo pagar muito". Eu entendo, mas, se possível, ofereça um pouco mais do que o valor de mercado, tire um pouquinho da sua margem de lucro e divida com as pessoas. **Quando sua equipe está feliz e satisfeita trabalhando com você, ela ajuda a multiplicar seu sucesso.**

Hoje a Ybera Paris conta com muitos funcionários e mais de 15 mil influenciadoras cadastradas na nossa plataforma. Somos muito mais do que uma empresa de cosméticos; somos uma empresa que transforma vidas, especialmente de mulheres. Estamos mudando a vida financeira de milhares de mulheres, permitindo que elas ofereçam uma vida melhor para seus filhos e familiares, ajudando-as, em muitos casos, a sair de situações abusivas e difíceis, pois elas passam a ter uma fonte de renda própria e a não depender mais de seus maridos.

Recebo muitos relatos de mulheres dizendo que estão melhorando suas vidas, conquistando coisas que sempre desejaram e trabalhando de forma digna. Isso é algo que não tem preço para mim; é uma riqueza indescritível! Sinto-me profundamente honrada por contribuir para a vida dessas pessoas. E essa rede de apoio que se forma e cresce é um verdadeiro ganha-ganha para todos. Elas ganham, e eu também ganho ao ter uma relação de respeito e confiança com meus colaboradores e influenciadores.

Se alguém tentar derrubar a Ybera Paris, não seremos apenas eu e Johnathan lutando sozinhos por nossa empresa. Agora, são milhares de pessoas que sustentam suas vidas por meio da Ybera Paris, assim como eu. Juntos, ficamos mais fortes.

•••

Como empreendedora, tenho muitos motivos para celebrar e me sinto verdadeiramente grata, honrada e abençoada. A trajetória da Ybera Paris é um testemunho do trabalho árduo, da dedicação e da paixão que coloquei em cada passo dessa jornada.

Primeiramente, celebro a inovação constante que conseguimos alcançar. Cada nova fórmula e produto que desenvolvemos não é apenas uma conquista técnica, mas um reflexo da nossa busca incessante por qualidade e excelência. Ver como essas inovações são recebidas e apreciadas pelos nossos clientes é extremamente gratificante.

A superação de desafios também é um motivo de celebração. Enfrentar e vencer obstáculos, como crises econômicas e mudanças no mercado, foram atitudes que fortaleceram nossa resiliência e mostraram nossa capacidade de adaptação. Cada desafio superado é uma prova da força e da determinação da nossa equipe e da nossa missão.

A consistência na qualidade dos nossos produtos e a confiança que construímos com nossos clientes são conquistas que me enchem de orgulho. Saber que a marca Ybera Paris é reconhecida e valorizada é uma enorme fonte de satisfação.

Sinto-me especialmente grata por proporcionar um ambiente de trabalho positivo para minha equipe. Celebrar o esforço e a dedicação dos nossos colaboradores é uma forma de reconhecer o papel fundamental que eles desempenham no nosso sucesso.

Finalmente, minha visão e minha missão de transformar a vida das pessoas por meio dos nossos produtos são as engrenagens que mais me inspiram e me motivam. A sensação de que estamos fazendo a diferença e impactando positivamente a vida dos nossos clientes é o maior presente que poderia receber.

Apesar de todas essas conquistas, estou convicta de que estamos apenas começando. Após vinte anos, a empresa ainda está iniciando sua fase adulta. Passamos pelas fases de nascimento, infância e adolescência. Agora, entramos na juventude. Temos uma grande jornada pela frente, e continuarei contando com a ajuda de Jeová, o Deus verdadeiro, e com todos que colaboram com a Ybera, direta ou indiretamente. Em breve celebrarei esta nova etapa com um número crescente de clientes fiéis à marca e com meus colaboradores e influenciadores, que formarão a maior rede do mundo.

Saber celebrar!

Celebrar é reconhecer e valorizar as conquistas, grandes ou pequenas. Para mim, significa estar contente com o que se conquistou, mas sempre com a consciência de que esse contentamento não leva à estagnação. É um momento para refletir sobre o que foi alcançado, sentir gratidão e alegria, e usar essa energia positiva para seguir em frente. No meu dia a dia, isso acontece de maneira prática e simples. Eu e Johnathan, quando alcançamos um objetivo ou celebramos uma conquista, fazemos uma viagem, nos presenteamos com algo especial ou encontramos uma forma de compartilhar nossa alegria com a equipe.

Quando a vitória é especialmente grande, celebramos com nossa família ou presenteamos a equipe, mostrando nossa gratidão pelo esforço coletivo. Presentear os colaboradores ou reconhecer o esforço de alguém com uma viagem ou uma gratificação especial é uma forma de celebrar e valorizar o trabalho de todos. Essas pequenas celebrações ajudam a manter a motivação alta e a conexão com o propósito.

Celebrar é extremamente importante para o empreendedor, porque é um reconhecimento e uma gratificação pelo esforço e trabalho realizado. Na Bíblia, há um texto que menciona que não há nada melhor do que um homem usufruir do fruto do seu trabalho. Para o empreendedor, celebrar não só reforça a satisfação pelo sucesso alcançado, mas é um impulso para continuar avançando. É como dizer "Estou pronto para outra!" – é a forma de mostrar que você está energizado e motivado para enfrentar os próximos desafios. Celebrar é uma maneira de viver e sentir cada conquista, mantendo a motivação alta e reafirmando o compromisso com seus objetivos futuros.

São muitas as formas de celebrar e criar uma rotina para esses momentos tão importantes. Vou compartilhar algumas possibilidades para que você analise, experimente e entenda o que faz mais sentido na sua vida e na sua rotina:

- Reconheça cada marco alcançado: anote suas metas e submetas; registre cada objetivo concluído, por menor que seja; mantenha um "diário de vitórias" para registrar seus progressos.

- Compartilhe suas conquistas: conte aos seus mentores ou colegas empreendedores; publique nas redes sociais profissionais; informe sua equipe, para motivá-la também.

- Recompense-se: permita-se um pequeno presente (um café especial, um doce favorito); tire um tempo para relaxar ou fazer algo de que você gosta; compre algo simbólico para marcar a ocasião.

- Reflita sobre a jornada: pense no que você aprendeu durante o processo; identifique quais habilidades você desenvolveu; considere como essa conquista o aproxima de seus objetivos maiores.

- Crie um momento de celebração: desenvolva um gesto ou ação específicos para marcar cada vitória; toque uma música inspiradora ou faça algo simbólico que tenha significado para você.

- Pratique a gratidão: agradeça a si mesmo pelo esforço e dedicação; reconheça as pessoas que o ajudaram nessa conquista; escreva uma nota de agradecimento para alguém que contribuiu com essa realização.

O que eu posso dizer a você, que me acompanhou até o fim deste livro, é: esteja atento! Faça acontecer! Não permita que o medo ou a dúvida sejam obstáculos em seu caminho rumo ao sucesso. Você é um ser único, dotado de talentos e habilidades especiais, e seu produto será um reflexo dessa singularidade extraordinária.

Cada passo que você dá em direção ao seu sonho, por menor que pareça, é uma conquista significativa. Celebre cada pequena vitória, pois elas são os tijolos fundamentais que constroem o alicerce do seu caminho para o sucesso. Lembre-se: o progresso, por mais lento que possa parecer, ainda é progresso.

O mundo anseia pela sua visão inovadora, pela sua paixão contagiante e pela sua determinação inabalável. Sua perspectiva única pode ser a chave para resolver problemas, inspirar outros e criar mudanças positivas. Não subestime o impacto que você pode ter.

Agora é o momento de brilhar intensamente. **Não espere condições perfeitas ou a permissão dos outros. Tome as rédeas da sua vida e transforme suas ideias em realidade palpável.** Você carrega

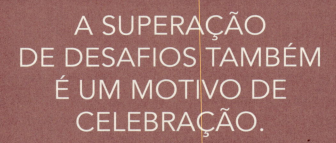

A SUPERAÇÃO
DE DESAFIOS TAMBÉM
É UM MOTIVO DE
CELEBRAÇÃO.

— Sauana Alves

dentro de si todos os recursos necessários para alcançar seus objetivos mais ambiciosos.

Enfrente os desafios com determinação, persistência e consistência. Cada obstáculo é uma oportunidade de crescimento e aprendizado. Quando as dificuldades surgirem – e elas surgirão – respire fundo, mantenha o foco e lembre-se do motivo pelo qual começou essa jornada. Cerque-se de pessoas que acreditam em você e em seu potencial. Busque mentores, parceiros e amigos que ofereçam apoio, orientação e incentivo genuíno.

Visualize seu sucesso diariamente. Imagine-se alcançando seus objetivos, superando suas metas e realizando seus sonhos mais ousados. Essa visão clara e positiva alimentará sua motivação e o guiará nos momentos de incerteza. Cuide do que nutre você, afastando os pensamentos negativos e as crenças limitantes.

Acredite profundamente em você mesmo e no valor do que você tem a oferecer. Sua confiança será contagiosa e inspirará outros a acreditarem em você também. Esse é o começo da multiplicação e do sucesso. Então, aja com determinação renovada. Planeje com sabedoria, execute com paixão e persista com tenacidade. O mundo está esperando por você. Tenha fé no seu potencial ilimitado, confie em sua jornada única e faça acontecer!

Este livro foi impresso
pela gráfica Plena Print em
papel lux cream 70 g/m²
em outubro de 2024.